나는 읽고 쓰는 학원장입니다

나는 읽고 쓰는 학원장입니다
배움과 성장으로 인생 페이지를 채우는 사람들

초 판 1쇄 2025년 11월 10일

지은이 박지영, 윤영진, 최문희, 심다현, 김현정, 한미은, 이성은, 김위아
펴낸이 류종렬

펴낸곳 미다스북스
본부장 임종익
편집장 이다경, 김가영
디자인 윤가희, 임인영
책임진행 안채원, 이예나, 김요섭, 김은진, 국소리

등록 2001년 3월 21일 제2001-000040호
주소 서울시 마포구 양화로 133 서교타워 711호
전화 02) 322-7802~3
팩스 02) 6007-1845
블로그 http://blog.naver.com/midasbooks
전자주소 midasbooks@hanmail.net
페이스북 https://www.facebook.com/midasbooks425
인스타그램 https://www.instagram.com/midasbooks

ⓒ 박지영, 윤영진, 최문희, 심다현, 김현정, 한미은, 이성은, 김위아, 미다스북스 2025, *Printed in Korea*.

ISBN 979-11-7355-577-0 03810

값 18,500원

※ 파본은 구입하신 서점에서 교환해드립니다.
※ 이 책에 실린 모든 콘텐츠는 미다스북스가 저작권자와의 계약에 따라 발행한 것이므로 인용하시거나 참고하실 경우 반드시 본사의 허락을 받으셔야 합니다.

미다스북스는 다음세대에게 필요한 지혜와 교양을 생각합니다.

나는 읽고 쓰는 학원장입니다

배움과 성장으로
인생 페이지를
채우는 사람들

박지영
윤영진
최문희
심다현
김현정
한미은
이성은
김위아

미다스북스

우리 책 안내 지도

화요일 밤 11시,

글공부하는 학원장들이 모여

'내 삶에 함께했던 읽고 쓰기'를 주제로

에세이를 썼습니다.

독서와 글쓰기로 얻은

배움과 성장의 과정을

다섯 가지 주제에

실었습니다.

첫 번째: 그날의 페이지
글자, 책, 도서관에 얽힌 추억을 전합니다.

두 번째: 문장과 나
나만 알기 아까운 책과 영화 속 문장을 나눕니다.

세 번째: 언어의 미학
일상에서 언어와 기록의 가치를 발견합니다.

네 번째: 아웃풋 읽고 쓰기
배운 것을 활용하는 기쁨을 담았습니다.

다섯 번째: 학원 경영은 글 경영이더라
교실 곳곳에 숨은 글 사랑의 흔적을 소개합니다.

학원장 8인이 쓴 마흔 편의 이야기,

만나러 출발하실까요?

프롤로그가 먼저

당신을 포근하게 맞이합니다.

프롤로그

책을 펼쳐주셔서 감사합니다.

하루의 기록이 쌓여 한 권의 책이 되었습니다. 학원장의 하루는 살아 있는 교과서처럼 다채롭습니다. 교실에서 수업하고, 학생 한 명 한 명의 눈빛을 살피며, 상담실에서 학부모의 마음을 듣습니다. 동시에 원장을 기다리는 것은 장부와 결산, 홍보와 행정, 미래를 향한 수많은 결정입니다. 오늘의 성장을 기록하고 내일을 위한 배움을 시작했습니다. 치열한 하루를 지탱한 것은 읽고 쓰기였습니다.

우리가 걸어온 길은 다르지만, 모두가 책과 글을 통해 자신만의 길을 만들었습니다. 어린 시절부터 책장을 파고들며 외로움을 견딘 사람, 동화책을 들려주던 엄마의 목소리를 따라 글자와 이야기에 매혹된 경험, 두 개의 일기장을 만들어 하나에는 모범적인 반장의 얼굴을, 다른 하나에는 솔직한 마음을 남겼던 이도 있었습니다. 오래 곁에 둔 세 권의 책에서 삶의 기준을 배운 경험, 매일 온라인 게시판에 글을 남기며 자신을 지켜낸 이야기도 있습니다.

영화 속 한 장면에서 글쓰기의 힘을 깨닫고, 다시 펜을 잡으며 자기 자신을 치유한 사례, 육아의 고단함을 이겨내기 위해 맘스다이어리를 100일 동안 완주하며 자신과 아이 모두의 성장을 기록한 과거도 있습니다. 늦게 글을 시작했지만, 그 안에서 용기를 발견했고, 학창 시절 깜지를 쓰던 습관이 이어져 지금도 백지를 메우며 학원과 삶을 정리한 추억도 있습니다. 출발점은 달랐지만, 읽기와 쓰기는 우리 모두를 이어 주는 실이 되어 한 권의 책으로 엮였습니다.

학원장의 삶에서 읽기와 쓰기는 필수였습니다. 수업 전, 책 속에서 길을 찾고, 학생에게 들은 이야기를 글로 정리했습니다. 학부모에게 학원의 철학을 설명할 때도, 커리큘럼과 교재를 설계할 때도 글이 바탕이 되었습니다. 반복되는 하루 속에서 읽고 쓰기는 우리가 살아남는 방식이었습니다. 삶은 '책장을 넘기는 것'과 닮아있습니다. 고단한 날도, 환희로 가득한 날도 있었습니다.

글은 흩어지는 시간을 붙잡았고, 책은 닫힌 마음을 열었습니다. 붙잡힌 순간과 열린 마음이 쌓여 우리를 다음 단계로 나아가게 했습니다. 우리가 남긴 이야기는 거창하지 않습니다. 그러나 작은 기록이 모여 큰 변화를 일으켰습니다. 블로그에 남긴 글 한 편이 학부모의 마음을 움직였고, 일기 한 장이 아이의 성장 기록으로 남아 다시 힘이 되었습니다. 책 한 권이 삶을 완전히 바꾸진 않았지만, 마음을 흔드는 한 문장이 방향을 바꾸었습니다. 그것은 교실에서, 상담실에서, 학생들의 노트 위에서 살아 움직였습니다.

삶은 언제나 새로운 페이지를 기다리고 있습니다. 오늘의 글은 내일의 나를 준비시키고, 오늘의 책은 내일의 교실을 채웁니다. 여덟 명의 학원장은 각자의 방식으로 하루를 기록했고, 그 기록이 모여 학원을 세우고 가정을 지탱했습니다. 읽기와 쓰기는 우리의 과거였고, 현재이며, 앞으로 이어질 미래입니다.

오늘의 문장이 내일의 길을 열 것입니다.

윤영진

차 례

우리 책 안내 지도 **004**
프롤로그 **006**

1장
문장 위에 세운 집, 배움이 이끄는 삶 　　　　**박지영**

- 책 못 버리는 여자 　　　　　　　　　　**017**
- 인생 멘토가 된 세 권의 책 　　　　　　**022**
- 수능을 넘어 삶을 해석하다 　　　　　　**029**
- 하루를 쌓아 만든 나 　　　　　　　　　**034**
- 읽고 표현하는 수업, 생각이 자란다 　　**039**

2장
디지털 잉크와 분필 가루로 남긴 발자국 　**윤영진**

- 모뎀 소리로 열린 글쓰기의 세계 　　　　**047**
- 나를 키워주는 내 안의 문장들 　　　　　**051**
- 새해마다 기록한 쉰 개의 별빛 소망 　　　**058**
- 교실에서 싹트는 독서의 씨앗 　　　　　　**063**
- 펜 끝에서 그려낸 학원의 길 　　　　　　**069**

3장
글로 채운 황금 배낭, 삶을 바꾸다　　　　　최문희

- 글은 내 삶에 없었던 세계였다　　　　　**079**
- 변화의 시작, 책장을 넘기다　　　　　**083**
- 다른 세계로 건넌 한걸음　　　　　**087**
- 100일의 글쓰기가 남긴 변화　　　　　**092**
- 생각을 읽고 글을 심다　　　　　**097**

4장
하루 끝, 내일을 여는 글　　　　　심다현

- 맘스다이어리, 쓰기로 나를 돌아보다　　　　　**105**
- 영화 속 치유의 글귀　　　　　**111**
- 읽기, 쓰기, 생각하기: 삶을 바꾸는 세 가지 힘　**118**
- 수학과 글쓰기, 두 날개로 나는 하루　　　　　**126**
- 매일 밤 아이들의 눈빛을 기록한다　　　　　**133**

5장
글이 건넨 치유, 내가 찾은 완성　　　　　　　　김현정

- 이방인 독자의 고백　　　　　　　　**143**
- 세상을 흥미롭게 만드는 글　　　　　**147**
- 마음의 단어로 교실 열기　　　　　　**151**
- 감정 일기, 나를 읽는 기상청　　　　**156**
- 경영서에서 찾은 뜻밖의 지혜　　　　**161**

6장
작은 기록이 만든 큰 기적　　　　　　　　　한미은

- 책장 사이에서 찾은 탈출구　　　　　　　　**169**
- 기억보다 믿는 건 기록이다　　　　　　　　**175**
- 감정이 소란할수록 글은 단단한 닻이 된다　**181**
- 함께 성장하는 독서 모임　　　　　　　　　**187**
- 작은 문장으로 만드는 큰 신뢰　　　　　　 **194**

7장
책 속에서 길어 올린 돌파하는 힘   **이성은**

- 이야기꾼, 두 개의 일기장에서 나를 찾다   **203**
- 내 안의 두려움을 뛰어넘는 문장   **210**
- 지혜의 서가, 나를 키우는 시간   **214**
- 읽고 쓰는 아이들은 떡잎부터 다르다   **219**
- 글과 마음으로 이어진 성장과 연대의 힘   **225**

8장
모니터 불빛 아래 가꾸는 인생   **김위아**

- 깜지는 언제나 현재진행형   **235**
- 존 맥스웰의 명언은 삶의 나침반   **240**
- 내 마음 울린 찜닭 사장님의 댓글   **246**
- 어쩌다 책쓰기 코치, 이제는 내 운명   **251**
- 편지로 이어온 26년의 학원 이야기   **256**

1장

문장 위에 세운 집,
배움이 이끄는 삶

박지영

경력 단절을 딛고 영어교육 현장에서 20년 넘게 걸어왔다. 프랜차이즈 본사 교육팀장, 사립·국공립 교육기관 영어 강사를 거쳐 현재는 'CREST ENGLISH' 원장으로 학생들의 영어 자신감을 키워가고 있다. 교육자의 길을 넘어 글쓰기를 시작하여, 이제는 영어 교육자이자 경영자, 그리고 삶을 기록하는 작가로 살아가고 있다.

저서: 『문장과 나』(전자책), 『당신과 나의 하루, 에세이로 피어나다』(공저)

책 못 버리는 여자

 글자가 인쇄된 종이는 뭐든 좋았다. 큰딸 육아로 일을 잠시 쉴 때였다. 아이가 아파 병원에 갈 때도 시장에 갈 때도 전봇대에 붙은 광고지 함에 생활정보지를 꼭 챙겼다. 20년 전에는 '당근'이란 앱이 없었던 때라 구인이나 각종 자격증, 집 매물 정보는 벼룩시장, 교차로에 가득했다. 두세 개를 가져와 새로운 정보가 뭐가 있을까 살펴보았다. 다 읽은 신문은 생선구이 덮개용과 아이 놀이 도구로 사용했다.

 활자 읽기는 나를 늘 좋은 곳으로 이끌었다. 교차로에서 윤 선생 구인 광고를 발견했고, 면접을 보았다. 합격하려면 책 세 권을 통째로 암기해 백지 테스트를 통과해야 했다. 매일 출근해 혼자 공부했다. 어떤 문제가 나올지 모르니 내용을 다 외워야 했다. 시험 날, 백지에 차곡차곡 답을 썼다. 여러 번 읽고 외운 덕에 합격할 수 있었다. 입사 후 아이들을 가르치면서 공부도 시작되었다. 그때 윤 선생에는 모닝콜 제도가 있어서 공부한 내용을 다섯 개 미만으로 질문하고 학습을 점검했다. 저녁에 수업을 마치면 8시 정도가 되었다.

같은 아파트에서 친하게 지내던 이웃을 엘리베이터에서 만났다. 그녀는 커다란 가방을 메고 있었다. 내가 먼저 인사를 건넸다.

"어디 다녀오세요?"
"네, 일하고 오는 길이에요."
"무슨 일인지 여쭤봐도 돼요?"
"유치원에서 영어 강사로 일해요."
"일찍 퇴근하시네요."

오후 3시에 퇴근이라니 아이 키우며 일하기 딱 좋아 보였다. 둘째가 태어난 후 신랑이 포항으로 직장을 옮기면서 이사했고, 육아로 다시 경력 단절이 생겼다. 산책하고 들어올 때 광고지를 챙기는 게 일상이 되었다. YWCA에서 주최하는 무료 영어 스토리텔링 교육이 있었다. 이웃이 알려준 유치원 영어 강사를 할 수 있게 도움을 주는 프로그램이었다.

지원할 수 있는지 알아보고 등록했다. 아이는 아파트 안 어린이집에 잠시 맡기고, 주 3회 교육을 받았다. 시간도 알차고 내용도 흥미로웠다. 영어 그림책, 동화 수업, 마술, 레크리에이션을 배웠고 자격증도 땄다. 동화 스토리텔링 심화반에도 들어갔다. 아나운서 출신의 선생님이 동화수업과 연극 제작도 하셨다. 수업 관련 자격증을 더 따고 어린이 연극까지 같이 했다. 실제 연극장을 대관해서 무대에 올리는 것까지 수업의 연결이었다. 나와 언니들, 연기 지망생이 함께 연습했다. 그 시간은 활력과 즐거움 자체였다. 연습했던 시간이 행복했다. 교차로에서 본 단 한 줄이 뜻밖의 인연과 일을 연결해 준 통로가 되었다.

YWCA 교육 덕분에 유치원 파견 강사가 되었다. 육아로 생길 수 있었던 경력 빈틈이 그렇게 메꾸어졌다. 생활정보지, 은행에서 읽는 잡지, 아파트 게시판에 붙은 광고지. 그런 곳에서 얻는 정보도 많았다. 그렇게 쌓인 활자에 대한 애정이 책을 쉽게 버릴 수 없게 했다. 다른 것은 비우는 게 아깝지 않았지만, 책은 달랐다. 이사할 때마다 정리하고, 몇 년째 펼치지 않은 것은 과감히 버린다고 하지만, 그게 마음처럼 쉽지 않다. 딸들이 어릴 때 보던 책은 몇 년 묵힌 뒤 책장이 꽉 차 결정을 내려야 했다. 나눌 수 있는 건 나누고 안 되는 건 분리수거함에 버렸다. 보물을 내다 버리는 마음이었다. 그래도 아쉬운 책은 다시 가져온다. 공간은 한정되어 있고, 물건은 정리가 필요하다. 책만큼은 조금 더 오래 곁에 두고 싶다.

거실에는 책장 세 개가 있다. 도서관처럼 언제든 책을 접하도록 산 것이다. 육아서, 자기 계발서, 심리학책, 여행기, 아이들 책… 어쩌면 내가 어떻게 살아가고 있는지를 보여주는 공간이다. 어느 날 우연히 다시 펼친 『어린 왕자』 속, 별을 숫자로만 세던 사업가를 보며 책 페이지를 멈췄다. 소유보다 빛을 느끼는 마음, 나는 어린 왕자와 함께 시간 여행자가 되었다.

 요즘은 전자책이 대세인 듯하지만, 여전히 종이가 주는 편안함이 있다. 밑줄 그어도 되고 좋은 구절이 있는 곳은 모서리를 접어둘 수도 있다. 사라져 가는 오프라인 독서 공간들이 더욱 아쉽다. 교보문고처럼 도서를 지키고 책 읽을 장소까지 내어주는 철학 있는 서점이 한층 더 고맙게 느껴진다. 사람도 책도 묵힐수록 깊어진다. 새로운 사람이 주는 활력도 설레지만 오래도록 함께한 사람 향기, 책 향기도 좋다. 책을 잘 버리지 못하는 성향은, 사람과 기억을 소중히 여기는 다른 모습이다. 책 읽기를 통해 내가 어디로 가야 할지 배우고, 어떤 날은 삶을 돌아보는 연습을 한다.

인생 멘토가 된 세 권의 책

 행복한 부자가 되기로 마음먹었다. 좋은 분, 좋은 책을 만난 덕분이다. 세미나를 찾아다니며 공부하고 있다. 가끔은 내 그릇에 담기엔 벅차 흘러넘쳤다. 마음의 크기를 키워보겠다고 목표를 정한 후부터 안주하며 살던 나에게 많은 것이 보였다. 아는 만큼 보이고 들린다고 했다. 단단하고 고운 도자기는 수없이 깨지고 다듬어지며 완성된다. 변화하는 과정은 힘들지만 보람 있다. 여정 속에 만난 자청의 글은 다른 자기 계발서보다 훨씬 강하고 큰 울림을 주었다. 아는 것에 머물지 않고 실행으로 이끌었기 때문이다. 자청의 환골탈태 에세이 『역행자』에서 발췌해 본 구절이다. '성공한 사람들은 모두 책 읽기와 글쓰기를 많이 한다.' 그 문장을 읽으며 "행복하게 성공하자.", "무슨 일이 있어도 책 읽고 한 줄이라도 쓰자."라고 마음먹었다.

『역행자』는 사고방식과 삶의 방향을 돌아보게 했다. '책 읽기'와 '글쓰기'의 중요성을 강조한 부분은 일상과 교육에 영향을 주었다. 바쁘다는 이유로 도전이나 변화에 소극적이었다. 늘 하던 대로 집안일, 수업 그리고 운동하는 일상이었다. 틀에서 크게 벗어나지 못하고, 실패를 두려워했다. 광고나 홍보 없이 소개만으로 수업했던 편한 방식은 졸업생을 만들어 내면서 변화가 필요했다. 불편함 속에 기회가 있다, 행동으로 옮겨야만 성장이 가능하다는 자청의 메시지가 와닿았다.

책을 읽고 글쓰기를 생활화하려고 독서 인증과 글쓰기 반에 등록했다. 전자책 포함 공저 두 권을 쓰게 되었다. 지금은 세 번째 공저를 진행 중이다. 새로운 도전을 하는 것은 자의식 해체가 반드시 따른다. '이걸 하면 사람들이 나를 어떻게 생각할까?'에서 '지금 이걸 하면 어떤 결과를 낼 수 있을까?'로 바뀌는 순간, 생각의 틀이 완전히 달라진다. "실패해도 괜찮다."란 생각으로 도전을 두려워하지 않게 훈련하면서 내면의 깊이를 키운다. 실패란 없다. 성공으로 가는 과정일 뿐이다. 실전에서 잘하기 위한 연습이다. 이런 과정을 통해 막연한 불안감이 안정감으로 바뀐다.

『성과를 지배하는 바인더의 힘』은 마치 『타이탄의 도구들』 속 성공 습관들로 채워진 보물 상자 같았다. 이전에는 메모나 계획을 여러 노트와 앱에 분산시켜 놓아 정리가 필요했다. 이 책을 읽은 후, 하나의 바인더에 생각과 계획, 기록을 통합하는 방식으로 바꿨다. 단순하게 모아서 정리하니 하루의 흐름이 명확해졌고, 일의 우선순위가 분명해졌다. 아침 루틴, 다섯 가지 감사, 목표를 한눈에 볼 수 있다는 게 좋았다. 바쁜 일정 속에서도 중심을 잃지 않으려면 바인더가 필요했다. 주간 점검으로 놓쳤던 일정과 습관도 돌아볼 수 있었다.

바인더는 곧 나의 방향성과 성장을 확인하는 도구이다. 그 덕분에 삶의 주도권을 찾았다. 생각이 많고 걱정거리가 있을 때는 적기만 해도 숨통이 트인다. 이 책은 기록이 쌓이고 눈으로 확인되는 경험을 통해, 목표가 이어지는 과정을 경험하게 해준 감사한 전환점이다. 저자만큼 꼼꼼히 기록할 수 있으면 더 좋겠지만 현재로도 만족한다. 기록의 힘을 경험한 후 학생에게도 플래너를 쓰도록 권한다. 자신만의 루틴을 만들고 하루를 잘 보내면 성취는 따라온다.

학원장 독서 모임에서 추천해 준 『작은 가게 성공 매뉴얼』을 읽었다. 수업 공간은 단순한 교실이 아닌, 하나의 브랜드이자 고객의 선택을 받는 '가게'라는 사실을 깨달았다. 책 속에는 '신뢰'와 '가치'를 쌓는 자세가 먼저라는 메시지가 담겨 있다. 좋은 가게도 꾸준히 알려야 한다고, 고객의 시선으로 점검하고 개선해야 한다는 현실을 냉철하게 알려주었다. 수많은 학원, 공부방, 학습지, 과외, 인터넷 강의도 있는데 나를 찾아준 고객이 감사하고 그 감사를 더 좋은 학습 시스템으로 돌려주고 싶은 마음이 들었다.

책을 읽고 교육 공간을 다시 보기 시작했다. '학생은 왜 내 수업을 들으러 오는가?', '줄 수 있는 가치는 무엇인가?' 질문을 바탕으로 수업 흐름, 상담 방식, 학부모 소통까지 하나하나 점검했다. 브랜드를 만들어 보고 싶어졌다. 이름도 변경하고 수업 방식도 점검했다. 개인별 자기 주도 학습을 추구하고 쓰고 읽기를 더 강조했다. 중간중간 시행착오도 있었다. 고등부의 동영상 수업은 시기상조였다. 학생들은 잦은 시험으로 시간이 부족했다. 요즘은 옛날 방식과 새로운 방식 사이에서 절충하고 있다. "작은 가게는 더 민첩하게, 세심하게 움직일 수 있다." 이 마인드를 통해 맞춤형으로 더 깊게 다가갈 수 있다는 자신감이 생겼다.

이 책은 단순한 매뉴얼이 아니라, 어떻게 작은 교육 공간을 지속 가능한 브랜드로 만들어 갈지 방향을 제시해 준 나침반 같았다. 가르치는 교사이자, 신뢰를 쌓아가는 경영자라는 마음으로 하루를 다시 세운다. 작은 가게, 그러나 깊은 감동을 줄 수 있는 곳. 그 가능성을 확인할 수 있었다.

작지만 강한 가게를 위한 시스템 만들기

1장 역량을 강화하는 경영

원장 교육, 강사 교육, 전체를 연결하는 소통 창구 만들기(앱 활용)

2장 고유한 문화를 만드는 문화

어버이날 행사, 한 달 칭찬 도장 – 쿠폰으로 선물 주기, 단어 챌린지, 한 달 동안 우수 더빙 시상, 시험 기간 공부 인증

3장 새로운 수업을 만드는 퍼스널 브랜딩

온라인 툴을 활용해서 복습·예습, 자기 주도 강화, 플래너 활용, 오답 노트, 단어장, 문법 단권화, 매일 단톡방 통한 알림, 각각에 필요한 세부 사항 만들기

『역행자』는 감정에 휘둘리지 말고 행동하라고 했다. 행동의 결과는 성취로 돌아온다는 사실을 일깨웠다. 결과적으로

'작은 성공을 반복하면서 더 큰 일도 잘 해낼 수 있다'는 자신감이 생겼다. 『성과를 지배하는 바인더의 힘』은 생각과 일정을 구조화해 성과를 내도록 도움을 주었다. 나이가 들어가면서 시간의 소중함은 더 간절하다. 버려지는 시간, 낭비되는 시간을 줄여 일에 집중하도록 했다. 『작은 가게 성공 매뉴얼』은 수업, 상담, 소통, 공간도 고객 중심의 브랜드로 설계해야 한다는 인식을 심어줬다. 그로 인해 시스템을 만들어 효율성을 높일 수 있었다. 세 권의 책은 강사였던 나를 성장하는 경영자로 거듭나게 한 든든한 멘토이다.

수능을 넘어 삶을 해석하다

수능 영어가 대학 논문 수준으로 올라갔다. 내가 시험 칠 때보다 확실히 단어 수준이 어려워졌다. 중학교 영어를 생각하고 준비 없이 고등을 맞이하면 이해의 벽에 부딪힌다. 단어도 어렵고 문장은 길다. 과학, 경제, 철학 소재도 다양해서 번역본조차 의미 파악이 어려운 문장도 많다. 하지만 지문 속에 꼭 들려주고 싶은 인생 문장이 많다. 학생이 의미를 깊이 있게 받아들인다면, 삶의 고비에서 그 문장이 떠올라 용기를 얻을 수 있다. 그래서 수업할 때 글의 진짜 의미가 무엇인지 해석하는 데 시간을 들인다. 기출문제 분석을 하다가 고민 상담으로 연결되기도 한다.

"선생님, 오늘 수업 내용이 학교에서 있었던 일이랑 비슷해요."

인문계 고1, 3월은 학교 적응기다. 중학교 졸업 후 고등학교 생활은 종일 공부 후 야간자습을 이어 한다. 누가 뭘 하라고 지시하지 않고 자기 주도로 공부한다. 친한 친구는 다른 진로를 택하거나 고등학교 선택지에서 헤어진다. 익숙함과 결별하고 새로운 환경에 심리적 소외감을 느끼기도 한다. 3월 영어 모의고사에는 '학교 적응에 어려움을 겪는 학생'이 나오는 지문이 있다. 고2 시험은 진로로 고민하는 내용이 자주 실린다. 자기 이야기인 것만 같은 공감대가 생긴다. 부모님과 좁혀지지 않는 진로 문제. 응원이 필요하지만, 그렇지 못했을 때의 서운함. 그런 문장이 나올 때도 있다. 그러면 수업 겸 상담이 된다.

수능 기출문제는 인문·사회·과학·예술·철학 등 다양한 분야를 다룬다. 단순 암기보다 사고력과 추론을 요구한다. 학생들은 관심 밖의 예술가나 철학자의 이야기도 접하며 시야를 넓힌다. 공부는 학생만이 아니라, 가르치는 나에게도 새로운 시각을 준다.

수업 중에 '마감 시간'을 주제로 한 지문이 나왔다.

[1]"By shifting how you see the deadline, you can start sooner and finish on time."
(마감일을 바라보는 시각을 바꾸면 더 일찍 시작해 제때 마칠 수 있다.)

'마감'은 단순한 시험 주제가 아니라 우리 모두의 현실이다. 교사인 나는 일 마감을 해야 하고, 학생은 숙제와 시험 준비를 시간 안에 마쳐야 한다. 하지만 고등학생은 각종 수행 활동, 세부 특기 사항을 써야 하고, 서술형 준비, 중간, 기말고사, 모의고사 등 내신과 수능 준비까지 해야 한다. 하지만 저 지문처럼 마감일을 '압박'이 아니라 '출발 신호'로 바라본다면, 일은 제시간에 마무리될 수 있다.

---

1 2024년 고2 6월 모의고사 24번 한 줄 요약

"스트레스 관리가 성취를 이루는 힘이 된다."라는 메시지를 학생들과 공유했다.

이렇듯 훌륭한 문장들로 배경지식을 쌓고 깨달음도 얻을 수 있다. 꼭 들려주고 싶은 좋은 글이 기출문제에 많이 있다. 독해 지문이 준 메시지는 내 마음에도 새긴다. 그리고 작가의 의도를 헤아려 본다. 학생 생각을 묻고 답하는 과정이 즐겁다. '그래서 작가가 하고 싶은 말은?'이 핵심이다. 나의 정보와 생각으로 편견을 갖고 글을 읽으면 안 된다. 매력적인 오답이 존재하기 때문이다.

"다른 책을 읽을 여유가 없을 때는 기출문제라도 많이 봐."라고 한다. 정답 맞히는 것에만 기준을 둔다면 공부의 본질을 놓치게 된다. 왜 선택지가 정답인지, 어떻게 다른 것은 오답이 되었는지를 고민해야 한다. 이런 공부를 통해 사고력이 자란다. 현재 교육 과정에서 논술과 서술형의 비중이 높아지고 중요시되는 이유이다. 나 역시도 생각을 정리해 글을 적는 것이 얼마나 어려운지 책을 쓰는 과정에서 느꼈다. 좋은 문장을 많이 읽어두면 글을 써야 할 때 도움을 받는다. 이런 과정을 거쳐 남의 문장도 그대로 받아들이지 않고 비판하면서 읽는다.

  작가의 의도를 이해하려고 노력하면 생각하는 힘은 커진다. 정답은 하나일지라도, 그 하나를 찾아가는 과정에는 수많은 생각의 갈래가 있다. 이렇게 쌓인 사고력은 수능을 넘어 삶의 문제를 마주할 때 분명한 힘이 되어 줄 것이다. 진로를 탐색할 때도 '무작정 부모님이 정해주는 길은 싫어.'라는 반감보다는, 다양한 직업군을 살펴보고 자신이 좋아하는 것과 싫어하는 것, 강점과 약점을 함께 분석해 본다. 그런 과정에서 결국 자신을 이해하고, 세상을 설득할 수 있는 언어가 자라난다. 스스로 써 내려가는 답이 곧 자신의 힘이 된다.

하루를 쌓아 만든 나

그룹 과외를 하다 영어 학습센터를 오픈했다. 경영자 마인드를 장착했다. 1년간 주 3회 아침 6시부터 7시 30분까지 진행하는 독서토론반에 들어갔다. 처음에는 그곳에서 제공한 독서 노트에 책을 읽고 정리했다. 독서 후에 기억 남는 부분을 적는다. 깨달음을 쓰고, 일에 적용해 볼 것을 기록한다. 이걸 '본깨적'이라고 한다. 글쓰기를 하지 않다가 조금씩 써 내려간 글에서 뜻밖의 해결책을 발견할 때가 있었다. 1년 후 다른 독서 모임에 등록하고 전에 쓰던 독서 노트를 나에게 맞게 변형해서 이용했다. 플래너처럼 왼쪽에는 읽은 날짜, 제목, 페이지, 깨달은 점과 일에 적용할 대안, 개선점을 적었다. 오른쪽에는 목표, 다섯 가지 감사 적기, 해야 할 일, 아래 두 문장처럼, 마음에 와닿는 문장을 필사했다.

'뭐든 꾸준히 하려면 루틴이 가벼워야 한다.'
'매일 해내면서 새롭게 만들고 지속하는 힘이 된다.'

토요일 아침 온라인 독서 모임을 한다. 세미나에서 알게 된 원장님과 함께했다. '북(book)을 읽고 꿈을 설계하자.' 이런 의미의 독서 모임이다. 한 달마다 읽을 책을 투표로 선정하고 인상 깊었던 부분을 발표했다. 같은 책이지만 각자 기억에 남는 부분이 다를 때가 많다. 아주 가끔은 겹칠 때도 있었다. 제니 원장님과 내 생각이 겹칠 때였다. 『그릿』을 읽고 '자기 계발은 끝이 없다.'란 같은 주제에 공감했다. 원장님도 프로 N잡러셨다. 세미나를 주최하고 영어학원 이외에도 다른 직업도 갖고 계셨다. 끊임없이 성장 추구를 하는 분이다.

자기 계발은 나이보다 젊게 사는 원동력이다. 도전을 멈출 때 나이가 든다. 금요일 늦게 수업이 끝나고 토요일 주말은 좀 늘어지고 싶을 때도 있다. 시험 집중 기간에는 쉬어간다. 하지만 쉼은 있어도 중단은 없다. 토요일 아침 7시 줌 미팅으로 긴장감을 주는 시간도 괜찮다. 연령대도 40대부터 60대까지 다양하다. 직업도 다양한 모임이라 배우는 것이 많다. 아직도 진행 중이다. 이번 달은 건강 관련 책 『암은 병이 아니다』를 읽는다. 암은 '죽음의 신호'가 아닌 '치유의 과정'이라는 메시지이다. 암을 만들게 된 근본 원인(독소, 잘못된 식습관, 수면 습관, 스트레스)을 제거하는 것이 중요하다. 저자 안드레아스 모리츠는 몸의 자연 치유력을 회복시키는 것이 진정한 암 치료라고 한다.

2024년 학원장 읽고 쓰기 커뮤니티 '위아비즈 아카데미'에 등록했다. 전자책 공저에 참여해서 『문장과 나』를 출간했다. 지나온 시간을 되짚어 보고 후회, 성취, 행복을 그 속에 담았다. 시간은 바짝 마른 모래같이 손가락 사이로 빠져나간다. 잡을 수가 없다. 흘러간 시간을 기억해 내 얘기를 쓰고 남겨놓으니 더 열심히 살아야겠다는 다짐이 생겼다. 두 번째 공저는 종이책이다. 역시 종이책은 부담감이 컸다. 서점에서 팔린다니 책임감이 커졌다. 출판 후 책을 접하고 부담감은 성취감과 행복감으로 바뀌었다. 네이버 검색란에 몇 번이나 책 제목을 넣어 찾아보았다. 신기한 경험이었다.

처음이 주는 설렘. 교보문고에 내 이름이 있다니 즐겁고 행복했다. 한 달에 세 번 글쓰기 수업을 듣고 결과물이 생기니 역시 '시간은 흘러가는 게 아니라 쌓일 수도 있구나.' 생각했다. 『당신과 나의 하루, 에세이로 피어나다』를 2025년 1월부터 매주 쓰기 시작해서 3월에 마무리하고 4월까지 퇴고했다. 토요일은 글쓰기로 시간을 빼두었다. 공저라 함께 하는 분들과의 약속이 중요했다. 남의 글만 읽다 내 글을 쓰니 행복했다. 읽고 쓰다가 공저 작가가 되었다. 친구가 40대에 새로운 도전을 한 나에게 축하의 말을 전했다. 김미경 대표님의 "10년을 꾸준히 하면 정체성이 생긴다."라는 그 말이 더 와닿는다. 지금의 나는 영어 강사와 경영자, 작가라는 정체성을 중점으로 키워가고 있다. 위아비즈에서 만난 좋은 작가님의 당근과 채찍 덕분에 조금씩 변화하고 있다.

1년 동안 독서 인증을 달성했다. 매일 인증을 올렸고, 빠질 때는 늦게라도 했다. 이모티콘으로 된 작은 트로피가 열

두 개 쌓였다. 바쁠 때도 있었지만, 한 달 성공, 두 달 성공, 석 달째가 되니 더 욕심이 났다. 성공 인증이 달성될 때마다 성취감도 생겼다. 작은 이모티콘 트로피가 진짜처럼 느껴졌다. 인증하면서 책과 더 가까워졌다. 좋은 습관을 얻었다. 잠시 귀차니즘을 이기면, 더 나아진 모습을 만날 수 있다. 1년 인증 후 가장 큰 변화는, 자신과의 약속을 잘 지킨 나를 더 신뢰하게 된 것이다.

작은 약속을 지키는 경험은 더 큰 일에 도전할 용기를 준다. 하루살이는 단 하루를 온전히 살아낸다. 소중한 24시간을 잘 채우기 위해 나의 플래너인 3P 바인더로 기록한다.

처음에는 잘 몰랐다. 책을 읽고, 쓰고, 기록을 남기는 일이 어떤 힘을 가지는지. 하지만 지금은 안다. 사소해 보였던 하루의 기록들이 모여 현재의 나를 만들었다는 것을. 이제 나는 영어 강사이자 경영자, 작가로 살아간다. 모든 정체성은 삶의 조각들을 성실히 이어 붙인 결과다. 글을 쓰는 내가, 앞으로의 나를 이끌어 줄 것을 믿는다.

읽고 표현하는 수업, 생각이 자란다

 읽고 쓰기를 강조한다. 시험을 앞두고 목표를 적었을 때와 적지 않았을 때 학생의 마음가짐은 달라진다. 스스로 세운 목표를 달성하면 눈빛이 반짝반짝한다. 새해 이루고 싶은 것을 적으면, 연말에 대부분 이루어진다.

 블로그와 인스타그램으로 수업의 철학을 알리려고 노력한다. 학부모와 학생, 교사의 단톡방으로 수업을 전달하고 소통한다. 초등학생 숙제 전달은 알림장을 이용한다. 글의 시작은 알림장 쓰기에서 출발한다. 중등과 고등은 학생이 단톡방에 숙제를 적는다. 단어 시험, 학습 내용, 프린트물을 찍어서 학부모도 보게 한다. 수업은 이렇듯 기록의 연속이다. 영어 숙제할 때는 눈으로 읽기에 그치지 않고 손으로 쓰고, 입으로 말하고, 귀로 다시 듣고 오감을 모두 활용하라고 한다.

책 읽기는 어휘력을 늘리고, 학습의 이해도를 높인다. 독해, 단어, 문법, 듣기 수업 이외에 TED[2], 교과서 읽기, 영화 보고 더빙하기, 다양한 노래 듣고 부르기 등의 활동으로 언어를 체득하기 위해 노력한다. 문법 암기나 문제 풀이를 넘어 사고하고 표현하는 능력을 기르도록 한다. 시간이 많은 초등부는 북 리포트를 쓴다. 필사를 먼저 시키고 '나만의 문장 만들기'를 유도한다. 아이들은 글 쓴 것을 자랑스럽게 생각한다. 덕분에 표현하는 힘을 기르게 된다. 읽고 쓰기, 말하기가 균형 있게 반영된 수업은 실력뿐 아니라 생각하는 힘과 자신감을 함께 키운다.

학생이 자기의 글 속에 선생님에 대한 표현을 써 줄 때가

---

2 TED-Technology, Entertainment, Design의 약자 (세계적인 지식공유 강연회)

있다. 덩달아 기분이 좋아진다. 문장 암기를 할 때 첫 문장은 어렵게 여기다가, 한 주제를 다 해내면 또 달라져 있다. 눈빛에서 자신감이 넘친다. 다독을 시키고 정독할 때는 꼼꼼히 해석하고 글의 주제를 찾는 것에 중점을 둔다. 서술형 비중이 높아져 쉽게 글쓰기를 이끌어 주려고 논술 프로그램을 도입했다. 신경 써야 할 곳이 늘어난다. 현재 교육과정이 글쓰기와 독해력, 사고력에 있다는 것은 좋은 흐름이다. 단순 암기식에서 벗어나 생각을 쓰고 정리해 보는 것은 아이들에게도 도움이 되는 과정이다.

읽기는 단순한 텍스트 이해를 넘어, '왜 그 내용이 중요한지', '어떤 관점에서 볼 수 있는지'를 고민하게 한다. 문장 안에 녹아있는 글쓴이가 하고 싶은 이야기를 찾아내는 힘을 길러야 한다. SNS나 미디어 속 가짜뉴스가 넘쳐나고, 심지어 보이스피싱까지 우리 일상에 파고든다.

즉, 비판적 사고를 통해 옳고 그름을 가려내는 힘을 길러야 한다.

책이나 글에서 얻은 아이디어를 내 것으로 만들면 삶의 자산이 된다. 탄탄한 국어 실력은 영어의 기본이다. 언어의 도구만 바뀔 뿐 생각하는 힘은 같다. 예를 들어 모국어의 바탕 위에 영어가 능숙한 컴퓨터 프로그래머는 전 세계의 공유 프로그램을 누구보다 빠르게 이해한다. 그리고 자기 언어로 바꿔 새로운 가치를 만든다.

독서를 통해 다른 사람의 의견을 존중하고 이해하는 법도 배우게 된다. 읽기와 쓰기, 말하기 활동을 하면서 자기 의견을 정리하고, 명확하게 전달하는 법을 배운다. 이러한 활동은 서로의 생각을 자극하여 학습의 성장을 돕는다. 삶에서 필요한 소통 능력과 협동을 키우는 데도 큰 도움이 된다. 나아가 영어를 적극적으로 사용하는 자신감으로 이어진다.

초등학생 서윤이는 글쓰기 실력이 눈에 띄게 성장했다. 처음에는 이름 한 줄을 적는 것조차 어려워했지만, 시간이 지나면서 배운 문장으로 생각을 한 줄, 두 줄 이어가기 시작했다. 어느 날은 "I'm so happy that I have my beloved teacher, Jiyoung."이라는 문장을 써왔다. 아이의 따뜻한 마음과 자신감이 고스란히 느껴졌다.

　이런 표현의 경험은 자람을 보여주는 창이며, 교사에게는 보람이다. 독해, 말하기, 쓰기 과정을 차근차근 지도한다. 하루에 느낀 감정은 일기로 적어둔다. 책 제목은 독서록에 기록한다. 1년 뒤 다시 읽으며 한 해 동안 얼마나 열심히 쓰고 읽었는지 독서록, 일기장으로 느낄 수 있다. 그것은 학생의 발전을 눈으로 확인할 수 있는 기록이다. 글쓰기 성취감을 학생도 직접 느끼고 경험하길 바란다.

나에게 띄우는 성장 편지

To. 두 번째 스무 살을 사는 나

지영아! 대학 시절의 너는 젊음 그 자체로 빛났지. 요즘 꿈속에 자주 대학 강의실에 앉아 있어. 늘 그 시절이 그리웠나 봐? 친구와 웃으며 수업 듣고, 시간표를 짜던 시간으로 돌아가 있네. 잠에서 깨면 그 아름다운 순간은 사라지지만, 열망과 소망의 또 다른 이름으로 남아.

20년 동안 워킹맘으로 최선을 다한 너. 참 잘했어. 이제는 네가 그리는 삶을 다시 살 수 있는 두 번째 스무 살이 왔어. 하고 싶은 건 주저 말고 모두 해보자. 10년 플랜을 세워 읽고 쓰면서 공부하자. 적으면 이루어진단 걸 너는 이미 알고 있잖아. 즐겁게 걸어가 봐. **클 朴 알 知 길 永**. 앎과 지혜로 길게 크게 성장할 박지영. 따뜻한 울림을 전하며 살아가길. 나는 언제나 너를 응원한다.

2장

디지털 잉크와 분필 가루로
남긴 발자국

윤영진

대전 송촌동에서 '디플로마학원'을 운영하며 20여 년간 교육 현장을 지켜왔다. 2002년 학원강사로 첫발을 디뎌 2008년 수학학원 원장이 되었고, 학생들과 함께 성장의 길을 걷고 있다. 멘사 코리아 정회원으로 지적 탐구의 즐거움을 나누고, KBS 〈생생정보〉 '자녀 경제교육' 편에 출연해 교육 철학을 전했으며, 보드게임 〈엘데니아〉를 제작한 경험도 있다. 이 책을 통해 읽고 쓰기의 철학을 독자와 나눈다.

저서: 『당신과 나의 하루, 에세이로 피어나다』(공저)

모뎀 소리로 열린 글쓰기의 세계

 퇴근 후 컴퓨터 앞에 앉았다. 흰색의 뚱뚱한 CRT 모니터에 커다란 본체가 딸려 있었다. 조용히 모뎀을 연결했다. 01410, 14.4 kbps. 전화선을 연결하면 들려오던 '삐삐삐─삐이이─그르르륵.' 연결음이 부모님을 깨울까 봐 숨죽였지만, 설렘이 더 컸다. 전화기를 모뎀에 연결하고, 전화가 오지 않기를 기도했다. 다른 방에서 누군가 수화기를 잡으면 접속이 끊어지기 때문이다. 짧은 연결음 속에 하루의 기대와 설렘이 담겨 있었다. '연결 성공'이라는 문구가 뜨면, 비밀의 문이 열리면서 나만의 세상이 펼쳐졌다. 그때의 글쓰기는 하루를 정리하는 일, 사람을 잇는 일, 나를 드러내는 일이었다. 출근도 마감도 없었지만 매일 썼다.

1999년 가을. 나는 '아메바'라는 또래 모임의 '시삽'이었다. 시삽은 System operator(시스템 오퍼레이터)의 준말이다. 지금으로 치면 카페지기나 온라인 동호회 관리자 같은 역할이다. 같은 나이, 비슷한 취향과 감성을 가진 사람이 모여 행복을 나누는 온라인 친목 모임이었다. 가입한 백여 명 중 활발하게 활동하는 구성원은 열 명 남짓이었지만, 게시판은 늘 시끌벅적했다. 정기 모임(정모) 후기를 올리고, 번개 모임을 공지하고, 유머 글을 퍼오며 일상을 공유했다. 누가 먼저 댓글을 다느냐로 1등 놀이도 했다. 닉네임 하나하나에 애정이 묻어났다. 나는 그렇게 온라인 '공간'을 만들고, 키우고, 지키는 일을 했다.

정모 후기는 '전통' 비슷한 것이었다. "이번 정모에 coxy-foxy(콕시폭시), 생긋, 레이첼, 토토로, 까망이, 그리고 저 얄리로즈까지 여섯 명이 참석했습니다." 처음 만나는 사람도 있었고 매번 나오는 구성원도 있었다. 장소는 은행동 밀레 호프. 생맥주, 네 잔에 오징어 땅콩 하나. 정모가 끝나면

늘 2차로 노래방에 갔다. 노래방에는 마이크가 두 개였는데 레이첼은 마이크를 한 번 잡으면 절대 놓지 않았다. 정모 후기를 쓸 때는 닉네임을 빠짐없이 언급했다. 이름이 빠지면 "왜 나는 안 써줬냐?"라는 댓글이 달렸다. 댓글 스무 개를 넘기면 '오늘은 글 잘 썼다.' 싶은 날이었다.

어느 날, 친구가 말했다. "야, 나우누리 유머 게시판에 재미있는 글 올라왔어." 제목이 「지하철의 엽기적인 그녀」였다. 이름부터 강렬했다. 웃기고, 상상되고, 말투까지 익숙했다. '이거 뭐지?' 싶은 정도로 내 취향이었다. 글쓴이의 닉네임은 '견우74'였다. 첫 줄부터 문장에 숨겨진 의미가 좋았고, 대사 하나하나가 웃음 포인트에 명중했다. 말투가 익숙했다. '이거… 나랑 비슷한데?' '〉〉ㅑ', 'ㅠㅠㅠㅠㅠㅠ', '안냐세요~', '했떠여.' 마치 내가 쓴 것 같은 문체였다. 단어 하나, 이모티콘 하나까지도 그대로였다. 그 시절 자주 쓰던 표현, 'ㅇㅇ그랬떠여ㅠㅠ', '미안혀 ㅜ_ㅜ', '오에오에오에~!' 같은 오버된 감정의 문장이 고스란히 담겨 있었다. 감탄사도 별표도 느낌표도 무제한이었다. '이건 내 스타일이야.' 그래서 연재를 기다리는 마음도 커졌다.

새 글이 올라와 있으면 기분이 좋았다. 아무것도 없으면 허탈해졌다. 그 글은 몇 년 후 영화가 되었다. 차태현과 전지현이 주연을 맡은 〈엽기적인 그녀〉였다. DVD(비디오)를 보며 생각했다. "이거 진짜 나우누리에서 보던 그 글 맞네." 원작의 모습과 대사가 곳곳에 살아 있었다.

일상 이야기, 정모 후기, 유머 한 줄, 아무 주제 없는 잡담까지. 하루에 두세 개씩 글을 올리는 날도 많았다. '얄리로즈'라는 닉네임 아래 올리는 글들이 '아메바' 게시판을 채웠다. 그 글이 모여 지금의 나를 만들었다. 돈을 벌기 위한 것도, 유명해지기 위한 것도 아니었다. 재미있으니까 썼다. 읽고 싶어서 읽었다. 반응이 오면 더 쓰고 싶어졌다. 누군가는 그런 감성을 '팔이'라고 부른다. 괜찮다. 나는 그 감성을 기억하고, 글을 쓴다. 그때의 댓글, 추천, 새벽에 치던 자판 소리가 아직도 머릿속에 남아 있다. 내가 글을 쓰는 이유다.

나를 키워주는 내 안의 문장들

〈세 얼간이〉는 유쾌한 코미디 영화다. 그 영화에서 오래도록 내 마음에 남은 한 문장을 얻었다. 주인공이 위기의 순간마다 나지막이 자신에게 건네던 말이다.

"All is well."

번역하면 '다 잘될 거야.'가 아니라 '지금 괜찮아.'에 가깝다. 란초가 시험 성적에 눌려 불안에 떠는 친구의 가슴에 손을 얹으며 내뱉는다. 다른 장면에서는 면접을 앞두고 심장이 덜컥 내려앉을 때, 자기 가슴에 손을 얹고 말한다. 큰 문제 앞에서 내뱉는 작은 주문 같은 말이다. 이 문장은 작가가 된 나를 지지해 주는 말이 되었다.

 글을 쓰려고 책상 앞에 앉으면, 마음속에 쌓여 있는 질문과 불안이 올라온다. 무언가를 증명해야 할 것 같고, 부족하다는 느낌이 먼저 생긴다. 문장이 어설프게 느껴지고, 담기지 않은 감정은 머릿속에 남는다. 그런 날에는 글을 이어가지 못한다. 그럴 때, "All is well(지금 괜찮다).", '지금 이대로 괜찮다.' 속으로 되뇐다. 다독이고 나면 다음 문장으로 넘어갈 수 있다. 한밤중에 글을 쓸 때 자주 떠올린다. 한밤중, 책상 위에 켜진 스탠드 불빛 아래에서 키보드를 두드리다 보면 작은 불안이 피어난다. 의문이 떠오르는 그 순간에 조용히 중얼거린다. "All is well." 그렇게 되뇌면 멈췄던 손이 다시 움직인다.

 아침마다 몸을 움직이는 것도 말 한 줄에서 시작된다. 정주영 회장의 말. "해봤어? 해보기나 했어?" 이 말은 거침이 없다. 실천이라는 메시지를 담고 있다. 몸을 일으키는 기폭제가 된다. 침대에서 일어나지 못하고 멍하게 누워있을 때가 있다. 새벽 기온은 쌀쌀하고, 몸에는 전날의 피로가 남아 있다. 눈은 떴지만, 일어나기까지 시간이 걸린다. 그때 이 말이 떠오른다.

"일어나 봤어? 운동하러 나가 봤어?"

생각만 하고 망설이는 순간이 반복되면 하루가 망가진다. 이 말은 나를 밖으로 끌어낸다. 걷기 시작하면 몸이 깨어나고, 깨어난 몸은 생각을 따라간다. 월말 결산과 시험 대비가 겹치는 시기에는 몸이 흩어진다. 강의 준비, 상담 일정, 스터디카페 정리까지 하루가 몇 조각으로 나뉘어 있다. 할 일이 뒤죽박죽일 때, 이 문장이 질서를 만든다. 가장 앞에 놓인 한 가지부터 시작한다. 하루가 시작되려면, 몸이 움직여야 한다. 메모장에 적은 할 일이 늘어날수록 집중은 흐트러진다. 이럴 때도 '해봤어?'라는 문장이 정리되지 않은 생각을 밀어낸다. 시작하면 다음은 자연스럽게 따라온다.

수업 중에도 문장을 활용한다. '적자생존'이라는 말이 대표적이다. 먼저 학생들에게 의미를 묻는다. "이게 무슨 뜻일까?" 조용한 반응이 돌아오면 설명을 이어간다.

"원래는 '적응한 자만이 살아남는다.'라는 뜻인데, 나는 이렇게 써. '적자(적어라), 생존(살아남는다).' 적는 사람이 살아남는다는 뜻이지."

강의실에서 이 말을 꺼내면 학생들의 펜 움직임이 빨라진다. 종이 위에 펜이 긁히는 소리는 집중의 밀도를 보여주는 지표가 된다. 필기 속도가 느린 학생에게는 노트를 펴서 보여준다. '살아남고 싶으면, 일단 적어야 한다.' 이 말이 통하는 순간이다. "이렇게!"라고 말하며 키워드를 둘러싼 화살표를 그린다. 공간 활용이 개념 이해를 돕는다는 사실을 알기 때문이다. 집중해도 한 번 들은 내용은 오래 남지 않는다. 직접 적고 정리하고, 다시 봐야 몸에 남는다. 듣기만 한 것은 흐릿해지지만 필기는 언제든 다시 볼 수 있다.

학습의 첫 단계는 적는 것이다. 그래서 수업마다 반복한다. 칠판에 적기도 하고, 학생의 노트에도 다시 써준다. "그냥 해." 짧고 직설적인 말이다. 실행이 우선이다. 계획을 세우는 데 시간을 쓰는 사람보다, 먼저 움직이는 사람이 빠르게 도착한다. 학생들에게만 하는 말이 아니다. 나에게도 매일 하는 말이다. "쓰는 자가 남는다." 같은 맥락이다. 같은 수업을 듣고 점수가 갈리는 것은 누가 얼마나 남기느냐에 따라 달라진다. 기억은 사라지고, 기록은 남는다. 그래서 쓰는 법을 가르친다. 문장은 수업 철학을 만든다. 간결한 한 문장이 학생의 태도를 정리해 준다. 수업을 유쾌하게 만들기도 하고, 수업의 방향을 분명하게도 한다.

삶을 바꾸기 위한 문장에 대해 생각하게 된 건 초등학교 5학년 때였다. 반장으로서 반 분위기를 끌어야 한다는 책임감이 있었다. 어느 날 '너 안 씻었어? 왜 이렇게 냄새가 나?'라는 말실수로 친구에게 상처를 줬다. 담임 선생님께 크게 혼났고, 그날 이후 '역지사지'라는 말을 마음에 새겼다. 말하기 전에 '저 친구 입장이라면 어땠을까?'를 생각했다.

다른 사람의 입장을 먼저 생각하는 습관은 태도가 되었다. 인간관계에서 상대의 반응을 먼저 고려하는 일이 많아졌다. 갈등 없이 살 수 있으리라 믿었기에 그 길이 옳다고 생각했다. 하지만 시간이 지나면서 알게 되었다. 나에게 나는 뒷전이었다. 누군가의 감정을 먼저 헤아리는 대신, 내 감정은 뒤로 밀렸다. 이 말이 상처가 되지 않을까, 부담되진 않을까. 내 마음은 그대로 쌓이고, 어느 순간 지쳤다. 마음을 새롭게 정했다. '나를 먼저 생각한다.' 어떤 하루를 보내고 싶은지, 어떤 사람이 되고 싶은지를 먼저 그린다. 건강을 챙기고, 공부하고, 글을 쓰고, 운동한다. 내가 단단해질 때, 다른 이를 위할 수 있다.

문장을 고르는 것도 그 일부다. 처음부터 매끄러운 문장을 기대하지 않는다. 일단 쓴다. 쓰고 다시 읽는다. 마음에 들지 않아 줄줄이 지운다. 글쓰기는 생각을 옮기는 일이 아니다. 글쓰기는 나를 관찰하는 일이다. 무엇을 쓰고 있는지, 어떤 마음으로 쓰고 있는지를 보는 일이다. 오늘은 생각이 무거운지, 감정이 날을 세우고 있는지 자신을 파악하게 된다. 문장을 다시 쓰는 것은 삶의 방향을 조정하는 일과 닮았다. 매일 문장을 쓴다. 쓰는 날과 못 쓰는 날이 있다. 하지만 중요한 건 매일 책상 앞에 앉는 일이다. 습관이 문장을 만들고, 문장이 삶의 방향을 결정한다. 쓰는 사람이 된다는 건,

매일 내면과 대화하는 사람이 된다는 뜻이다. 문장을 쓰는 사람이라는 정체성이 나를 지탱하고 세운다.

새해마다 기록한
쉰 개의 별빛 소망

  2015년, 브라이언 트레이시의 강연 영상을 보던 시기였다. 말투는 서툴고 자막도 매끄럽지 않았지만, 그의 말은 귀에 쏙쏙 들어왔다. "당신은 대부분의 시간 동안 생각하는 대로 된다." 뻔한 자기 계발 강연이라 여겼다. 강연을 들은 후, '생각'만으로는 아무 일도 일어나지 않는다는 걸 인정했다. 생각이 많아 실행이 없었다. 그래서 무형의 생각은 붙잡을 수 없다는 걸 알았다. 종이를 꺼내 글을 썼다. 이듬해에 하고 싶은 일을 차례로 채웠다. 처음엔 열 개 정도만 적혔다. 이후로는 자연스럽게 써졌다. 기억을 더듬으며, 마음속 깊은 곳의 소망들을 문장으로 꺼냈다. 보는 사람이 없었기에 꾸밀 필요도 없었다. 말투도 편했고, 문장도 정직했다. 마지막 목표를 적을 때 알았다. 내가 바라는 것이 이렇게 많다는 것을.

목표는 글로 쓸 때 실체가 된다. 생각은 흐르고, 사라지고, 잊힌다. 말로만 목표를 말하면 흐릿하다. 말하고 나서 금세 잊는 이유다. '쓴다'는 건 다르다. 문장에는 경계가 있다. 쓰는 순간부터 생각은 모양을 갖기 시작한다. 내가 썼던 항목 중 기억에 남는 것이 있다.

보드게임 작가가 되기
주식의 고수가 되기
천재가 되기
학원생 천 명 만들기

누가 보면 웃을 법한 목록이고 현실과는 거리가 있었다. 무엇보다 중요한 건 '가능성'이 아니라 '기록'이다. '천재가 되기'라는 문장은 지금 봐도 웃긴다. 하지만, 2년 후 2017년 멘사 회원이 되었다. '보드게임 작가'라는 꿈도 2018년 텀블벅 펀딩을 통해 이루었다. '주식의 고수'는 진행형이다. 반

토막을 몇 번이나 겪고, 중단하고 싶었던 시기도 있었지만, 그래도 '잘하고 있다.'라고 생각했다. 매년 12월 31일 밤, 가족과 함께 자연스레 책상 앞에 앉는다. 목표 쉰 가지를 적는 연례행사는 어느덧 10년째 계속되고 있다. 종이에 적고 스캔해서 PDF로 보관한다.

매년 반복해서 적는 목표가 있다. '자산 100억 만들기', '학원생 천 명 만들기', '해외여행 가기', '작가 되기', 'TV 출연하기' 이 중 일부는 이뤘고, 목록에 남은 것도 있다. 가장 오래 걸렸던 건 '책 출간'이었다. 2015년에 처음 적은 뒤, 2025년에야 첫 책이 나왔다. 공저지만, 의미는 크다. TV 출연은 2021년 5월 KBS 〈생생정보〉 '자녀 경제교육' 편을 통해 실현되었다. 보드게임 작가가 되겠다고 쓴 해에는 블로그를 만들고, 텀블벅을 살펴봤다. 주식 고수가 되고 싶다고 썼던 해에는 증권계좌를 개설했고, 매일 뉴스와 시황을 읽었다. '튼튼한 몸 만들기' 항목에는 헬스장 등록이 붙었다.

목표를 적은 후에는 작은 행동을 붙였다. '영어 잘하기'라고 쓰지 않았다. '매일 단어 열 개 외우기', '미드 한 편 보기'

처럼 바로 시작할 수 있는 실천을 구체적으로 달았다. 책을 읽는 것도 그랬다. '책 읽기'가 아니라 '한 달 세 권 읽기', '책 리뷰 열 편 쓰기'라고 썼다. 행동이 붙은 목표는 현실이 되었다. 단어는 허공에 머물지 않았다. 손끝에서 구체적인 계획이 되고, 습관이 되었다.

2019년부터는 아내와 두 딸도 참여했다. 남궁민 주연의 〈김과장〉에 나오는 대사 중 "좋은 관계가 뭔지 알아요? 노나 먹는 관계예요."라는 말이 있다. 좋아하는 문장이다. 나도 좋은 걸 나누려는 본성이 있다. 내가 효과를 보았기에 가족에게도 권했다. 처음엔 낯설었지만, 한 해가 지나자 이 연례행사를 기다리게 되었다. 모두 둘러앉아 연습장을 꺼내고, 목표를 적는다. 그것을 모아서 PDF로 정리한다. 목표 작성 후에는 맛있는 음식을 먹는다. 새해 계획을 공유하고, 손뼉 치고, 놀라기도 한다. 딸들의 목표는 초기에는 엉뚱했다. '공주 되기', '강아지 키우기', '아빠랑 보드게임 백 판 하기'가 있었다. 해가 거듭되며 달라졌다. '한 달에 책 다섯 권 읽기', '내신 평균 95점 넘기' 같은 실현 가능한 문장이 늘었다. 아내는 주로 실용적인 목표를 썼다. '한 달 네 권 이상 책 읽기', '5kg 감량하기', '비상금 500만 원 만들기'. 처음엔 웃으며 썼지만, 하나씩 이뤄갔다. 함께 적으면 방향이 조율된다. 서로의 속도와 관심을 이해하게 된다. 자기 삶을 설계하는 시간이자, 우리 가족의 축제다.

가끔 무너지고 계획을 잊기도 한다. 마음이 흐트러지면 방향을 잃는다. 그럴 때 책상 위의 포스트잇, 휴대전화에 저장된 PDF 파일이 나를 일으킨다. 목표는 내가 흔들릴 때 돌아오도록 해준다. 『시크릿』에서는 이런 현상을 '끌어당김의 법칙'이라고 한다. 나는 그렇게 부르지 않는다. 더 정확한 말은 '방향 설정'이다. 쓰고, 읽고, 다시 쓰고, 다시 읽는 루틴이 무의식의 안테나를 세운다. 무엇을 원하고 있는지 분명하게 알고 있다면, 관련 정보가 눈에 들어온다. 사람을 만나도, 책을 읽어도, 기회를 포착해도 그 방향으로 향한다.

2025년에도, 목표 쉰 가지를 적는다. 여전히 자산 100억은 멀다. 학원생 천 명도 아니다. 하지만 그 목표들은 여전히 내 삶의 북극성이다. 방향은 알기에 흔들려도 돌아올 수 있다. 계획보다는 기록이 힘을 가진다.

교실에서 싹트는 독서의 씨앗

매년 두세 차례 온오프라인 서점에서 적게는 스무 권, 많게는 서른 권 정도 주문한다. 상자째 배송되는 책더미를 풀어 책장과 책상에 쌓는 순간, 그 시기의 나를 설명하는 단어들이 적나라하게 드러난다. 해마다 주제는 달랐다. 최근 몇 년은 '경영'과 '브랜딩' 관련 책이 많았다. '자기 계발서'를 많이 읽는다. 치우친 독서가 선택을 만들었다. 『세이노의 가르침』을 읽고 실행이 빨라졌다. 『역행자』를 읽고 삶을 되짚었고, 『슈퍼노멀』에서 체력과 루틴의 중요성을 확인했다. 『시크릿』에서는 끌어당김보다 '의도와 실천'이라는 문장을 메모해 두었다. 『학원 경영, 당신을 사게 하라』에서는 학원을 운영하는 방법을 배우고 적용했다. 수강생 모집에도 효과가 있었다.

독서를 꾸준히 하면서부터는 생각만 하던 것을 실행으로 옮길 수 있었다. 여름방학 특강은 평소라면 벼락치기로 준비했을 것이다. 실용서를 읽은 후 수개월 전부터 커리큘럼과 홍보 문구를 만들고, 학생들에게 줄 교재와 연습장을 준비했다. 덕분에 접수 이틀 전, 공지가 완료됐다. 변화는 한두 달 만에 일어났다. 머릿속에서 맴돌던 계획이 책을 읽은 후에는 손에 들린 일정표로 바뀌었다.

책 읽는 루틴은 따로 있다. 출근 전에 1시간, 수업 사이 쉬는 시간, 수업 후 피로가 풀릴 즈음, 주말 아침에 커피와 함께 책을 펼친다. 이동 중에는 전자책을 켠다. 한두 달 집중해서 읽으면 서른 권도 빠르게 습득할 수 있다. 주요 문장은 포스트잇에 적어 책상 옆이나 벽에 붙여둔다. 인상 깊은 구절은 사진으로 찍어 SNS(인스타·블로그)에 올린다. 블로그나 브런치 글로 쓰기 위해서다. 지금 나에게 의미가 있는 문장은 다른 이에게도 의미 있을 것이다.

책은 읽는 데서 그치지 않는다. 바로 수업에 활용한다. 『원씽』을 읽고 난 뒤, 학생들에게 "한 가지에 집중하라."라는 말을 반복했다. 수업 시간 초반에는 환경관리의 중요성을 강조했다. "공부하려면 만화책, 스마트폰, 잡담하는 친구를 제거해야 한다."라고 말하며 실천하도록 했다. 주변을 정리한 학생들의 집중도는 달라졌다. 책 속 한 문장이 교실 안에서 작은 실천으로 바뀌었다.

『시크릿』을 읽은 날, 수업을 시작하며 말했다. "너희들이 원하는 성적을 마음속에 그려봐. 그 상태의 너를 기준으로 공부해 봐." 아이들은 생소한 듯 고개를 갸웃했다. 하지만, 며칠 후, "선생님, 저 진짜로 매일 시험지에 100점이라고 써서 가방에 넣고 다녀요." 그 학생은 중간고사에서 수학 100점을 받았다. 읽은 책은 학부모 상담에도 자연스럽게 스며든다. 『성격의 힘』이나 『엄마의 말투가 아이를 바꾼다』의 내용을 토대로 학생의 감정과 태도를 설명하면, 학부모들은 고개를 끄덕인다. "원장님은 책을 많이 읽으시네요."라는 말은 칭찬보다 신뢰로 들린다. 책의 문장을 내 언어로 바꿔 전달했기 때문이다.

글쓰기는 삶의 일부다. '브런치 북'으로 연재 중인 『수학으로 읽는 감정의 공식』은 감정과 수학을 연결하는 실험적인 시도였다. 첫 편 「사랑은 왜 늘 미지수일까」를 올릴 때도 큰 기대는 없었다. 예상과 달리 많은 공감이 이어졌다.

"감정을 수학처럼 분석하니 이해가 된다."
"수치로 정리하니 마음이 편해진다."
"이런 방식은 처음인데 공감된다."

감정은 흐릿하고, 수학은 명확하다. 그래서 둘을 결합하면 의외의 위로가 생긴다. 글을 읽고 마음이 편해졌다는 말은, 나에게 큰 보상이 되었다.

글은 수업 주제로도 사용되고, 상담이나 강연에서도 꺼낸다. 쓴다는 건 내 감정을 해석하고, 정리하고, 타인에게 전하는 일이다. 몇 달 전 딸에게 쓴 편지를 짧은 에세이로 바꿔 단톡방에 공유한 적이 있다. "감동이었어요.", "저도 아빠에게 그런 말을 듣고 싶었어요."라는 댓글을 받은 날, 내가 쓴 문장이 타인의 마음을 움직일 수 있다는 걸 알았다.

어릴 때부터 일기와 온라인 게시판으로 글을 이어왔다. 대학 시절엔 나우누리 게시판과 '세이클럽', '싸이월드'로 이어졌고, 2014년부터는 보드게임 블로그를 시작했다. 지금은 작가 블로그와 브런치, 학원 블로그까지 세 곳을 운영하고 있다. '싸이월드'에 올린 글에 친구들이 "오늘도 또 웃고 간다."라고 댓글을 달아준 것이 첫 피드백이었다. 학부모가 블로그 글을 보고 등록한 때도 있다. 글은 언제나 새로운 문을 열어주었다.

지금도 주 5일, 월·수·금 오전 9시에는 블로그에 글을 올리고, 화·목에는 '브런치 북'을 연재한다. 루틴은 나를 유지하는 장치다. 글쓰기에 지치지 않기 위해, 잘 써야 한다는 생각을 내려놓는다. 처음부터 완성도 높은 글을 기대하지 않는다. 감정을 가볍게 적고, 일상의 단상을 쌓는다. 매일 쓰지만, 매일 만족하지는 않는다. 그래도 계속 쓰는 이유는 내 안의 생각이 움직이기 때문이다. 때론 말보다 글이 먼저다. 쓴다는 건 나를 듣는 일이고, 하루를 정리하는 일이다. 그래서 부담 없이 쓸 수 있는 시간을 정해두고, 나만의 속도로 꾸준히 이어간다. 글을 쓰면 생각이 정리되고, 생각은 수업을 바꾸고, 수업은 아이들과의 관계를 바꾼다. 글을 쓰며 되돌아보고, 읽은 문장을 실천하면 학생의 변화와 학부모의 반응까지 이어진다.

 읽고 쓰는 일상이 나의 강의력을 키우고, 학원에 온기를 더하고, 누군가의 삶에 작은 울림을 남긴다. 책을 읽고, 생각하고, 정리하고, 말하고, 쓰고, 다시 읽는다.

펜 끝에서 그려낸 학원의 길

 학원을 운영하면서 처음 만든 문서는 '학원 규정집'이었다. 학생이 지각했을 때 몇 분까지 인정할 것인지, 휴대전화 사용은 어디까지 허용할 것인지, 결석했을 때 보강은 어떻게 처리할 것인지. 애매하게 말로 넘기던 기준들을 문서로 만들기 시작했다. 말은 상황에 따라 바뀔 수 있지만, 글은 기준이 된다. 학원을 오래 운영하려면 기준이 필요했고, 글로 정리해야 했다. 규정을 어기면 1차는 경고, 2차는 학부모 상담, 3차는 강제 퇴원이다. 규정집을 만든 뒤부터 학부모 상담이 수월해졌다. 예전에는 같은 상황이라도 학부모에 따라 설명이 달랐다. 이제는 규정집을 꺼내 한 항목을 짚어 보여주면 된다. "이 부분은 사전에 안내한 바와 같습니다." 이 한마디로 오해가 줄었다.

경영에 도움이 된 책을 꼽자면 많다. 『사장학개론』에서는 학원도 결국 작지만 명확한 구조를 가진 회사라는 점을 배웠다. 『세이노의 가르침』은 사고방식보다 실천력이 중요하다는 걸 각인시켰다. 『시크릿』과 『역행자』에서 목표를 적고, 믿고, 행동으로 옮기는 방법을 배웠다. 한 문장 한 문장이 나의 운영 방침의 방향을 잡아줬다. 『학원 혁명』, 『1등 학원의 비밀』, 『학원강사 억대연봉 성공수업』 같은 책들은 현실적인 운영 전략을 알려주었다. 책에서 본 문장을 그대로 상담에 적용했다. 예를 들어 "학생의 성적이 오르는 건 하루하루 관찰한 내용과 연결되어야 합니다." 같은 문장은 학부모에게 믿음을 줬다.

읽은 내용을 블로그 글로 정리하면 오래 남는다. 책 속의 한 문장이 내 방식으로 풀어지면서 글이 되고, 언어가 된다. 커리큘럼도 글로 설명할 수 있어야 한다. 진도표를 나열한다고 커리큘럼이 되지 않는다. 연간 커리큘럼을 만들 때, 학기별, 월별, 주별로 세분화했다. 핵심은 '학생이 어디까지 성취할 수 있는가'에 있다. 목표 지점이 있어야 경로도 생긴다. 『원씽』이라는 책에서 '한 가지에 집중하라.'라는 메시지를 읽고 난 뒤, 학기마다 집중 목표를 하나로 설정했다. 예를 들어 중1은 1학기까지 '정수와 유리수의 사칙연산 완전 정복', 고1은 기말까지 '문제 풀이 속도 30% 향상'처럼. 학부모는 수업보다 '변화'를 원한다. 글로 정리해서 상담에 가져가면 등록률이 높아진다.

교재를 만들 때는 수십 권의 시중 교재를 펼쳐 놓는다. 『쎈수학』, 『개념원리 RPM』, 『수학의 정석』, 『수학의 바이블』. 중요한 건 문제 자체가 아니라 해설의 방식이다. 모든 문제에 대해 한 문단 요약, 단계별 풀이, 오답 주의 포인트라는 세 가지 구조로 설명을 만든다. 이건 내가 수업 일지를 쓸 때 사용하던 방식에서 비롯됐다. 수업 후 그날 다룬 개념과 학생들이 어려워한 포인트, 보완 방법을 간단하게 기록했다. 글로 정리하면 다음 수업이 명확해진다. 내가 만든 교재는 '내가 아이들을 어떻게 가르치고 싶은가?'에 대한 답변이다. 글을 쓰지 않고는 그런 답이 나오지 않는다.

학생 소견문은 학원의 보고서다. 한때는 매월 학생들에게 A4용지 한 장짜리 소견문을 줬다. 학습 태도, 과제 이행률, 주요 오답 유형, 다음 달의 학습 계획까지. 소견문을 본 학부모는 이렇게 말했다. "다른 학원에서는 이런 거 받아본 적이 없어요." 글 한 장이 상담보다 많은 걸 전달한다. 특히 성적이 떨어졌을 때, 소견문은 방어 자료가 되었다. "학생은 2주간 질병으로 학원에 등원하지 않았고, 보충수업에도 불참하였습니다." 이 한 문장은 변명보다 강력하다. 성적 하락은 원인 분석으로 설명돼야 한다. 분석은 기록으로 남긴다.

학생 상담 매뉴얼도 만들었다. 첫 장에는 학부모 응대 시 원칙이 있다. '침착하게 대응한다.', '기록 없는 주장은 보류한다.', '감정은 드러내지 않는다.' 상담 분석표에는 '최근 과제 수행률', '수업 태도 변화', '질문 빈도', '표정과 자세', '학부모 상담 이력', '1개월 내 성적 추이'까지 포함된다. 예전엔 "공부를 안 해요."라는 말에 당황했지만, 지금은 "지난 3주간 과제 이행률 40%, 주요 오답 영역이 반복되었습니다."라고 말한다. 학부모가 "우리 아이는 말이 없어요."라고 걱정한 적이 있는데, 학원 운영 방침에 기록된 '오답 노트를 가장 성실하게 작성하는 학생'이라는 내용을 전달했다. 그날 상담은 아이의 조용한 성실함을 발견한 시간이었다. 학원 운영 방침 덕분에 감정이 아닌 사실을 바탕으로 대화할 수 있었다.

학생의 대입 자기소개서를 몇 차례 첨삭한 것도 좋은 경험이었다. 고치다 보니 학생의 성격과 진로 고민이 보였다. 쓸 말이 없거나, 하고 싶은 말이 많아 글이 산만한 때도 있었다. 한 문장을 다듬고, 핵심을 잡고, 문장을 이어 붙이는 과정은 학생의 생각을 정리해 주는 일이기도 했다. 결국 면접에서 무슨 말을 해야 할지도 정리되었다. "선생님 덕분에 자소서 통과했어요."라는 말은 수학 성적 향상보다 큰 보람으로 남았다.

지금도 학생들의 특이 사항을 메모한다. 조용하지만 발표를 잘하는 학생, 말이 없지만, 오답을 가장 먼저 푸는 학생. 이런 정보는 퇴원 상담 때와 진학 추천서 쓸 때, 졸업식 편지 쓸 때 모두 유용하게 쓰인다. 정보는 기록할 때 힘을 가진다. 기록은 글이 되고, 경영의 도구가 된다. 학원은 말로 굴러가지 않는다. 강사는 말로 수업하지만, 원장은 글로 운영한다. 입학원서, 커리큘럼, 규정집, 공지문, 상담 메모, 후기 작성까지. 모든 것이 글로 관리되고 전달된다. 학원 운영 방침을 쓰는 순간 학원은 체계를 갖춘다. 사람에 의존하던 구조에서 기준에 의존하는 구조로 바뀐다. 학생의 태도는 글로 분석하고, 학부모의 질문은 글로 설명하고, 직원의 업무는 글로 전달한다. 읽고 쓰는 원장만이 오래 살아남는다. 그것이 내가 학원장으로 살아오며 얻은 결론이다.

나에게 띄우는 성장 편지

To. 백 살의 나

거울 속 주름진 얼굴을 보며, 네가 걸어온 길을 떠올려 봐. 손끝 힘이 예전 같지 않고, 눈이 조금 흐릿해졌어도 괜찮아. 넌 이미 충분히 살아왔고, 충분히 남겨두었으니까. 책장 한쪽에 빼곡하게 꽂힌 노트와 파일, 컴퓨터 속 수많은 문장이 네 시간을 증명하고 있잖아. 그 안에는 웃던 날, 울던 날, 고민하던 밤, 결심하던 새벽이 모두 들어있을 거야.

누군가 그 글을 읽고 길을 찾을 수도 있고, 위로를 받을 수도 있어. 그게 네가 남긴 흔적이고, 살아온 이유겠지. 오늘도 한 줄만 쓰자. 손이 느려도 좋고, 글씨가 삐뚤어져도 괜찮아. 나이는 멈출 이유가 되지 않는다. 글은 끝까지 너를 움직이고, 너를 기억하게 할 테니까.

3장

글로 채운 황금 배낭, 삶을 바꾸다

최문희

30년째 영어교육 현장에 있다. (현)왓썹영어, 왓썹파닉스 원장, (현)석현문 장학회 이사, (현)한국영어교육게임협회 회장. 세계 어린이 놀이터 만들기 프로젝트를 매년 하나씩 진행 중이며, 현재까지 필리핀과 네팔에 놀이터를 만들었다. 러시아 고려인 최재형 민족학교에도 후원한다. 뉴질랜드, 캐나다, 호주, 핀란드, 필리핀 등 다양한 교실을 다니며 학생들에게 맞는 교육 방향을 찾고 있다.

저서: 『나는 오늘도 행운을 만든다』, 『그 아무것도 확실하지 않더라도』(공저), 『당신과 나의 하루, 에세이로 피어나다』(공저)

글은 내 삶에 없었던 세계였다

"엄마는 인생에서 언제 제일 힘들었어?"
눈 감고 누워있는 엄마에게 말을 건넸다.
"이것아! 그런 건 배부르고 등 따스운 사람이나 하는 생각이지, 그럴 짬이 어딨어? 하루 벌어 하루, 니들 안 굶게 하는 거밖에 몰랐다!"

그녀는 갑자기 눈이 동그래지더니 벌떡 앉으면서 말했다. 그 시절만 생각하면 피가 거꾸로 솟나 보다. 지독한 가난 때문인지 아니면 교육의 "교" 자도 몰랐던 엄마 때문인지 우리 집에는 책이라곤 없었다.

고등학교 시절, 물리와 국어 선생님을 좋아했다. 두 과목 모두 어려웠지만, 담당 선생님 두 분은 사람을 빨아들이는 매력이 넘쳤다. 다른 행성에서 온 외계인 같았다. 물리 선생님은 외모부터 말투까지 수학 공식처럼 정확했다. 모든 것을 숫자와 통계, 이론과 법칙으로 설명했고 이성적이고 차가웠다. 그녀는 언제나 과학실에 있었다. 반면 국어 선생님은 학생의 희로애락에 공감했고 목소리는 따스했다. '세상의 무거운 짐 진 자들아! 모두 나에게로 오라. 내가 너의 안식처가 되겠노라.' 하는 자세였다. 그녀는 항상 학생들을 그녀의 공간인 도서관으로 불러 이야기를 나눴다. 나는 그때 처음 도서관을 만났다.

대학 시절 책보다는 사람, 글보다는 말, 도서관보다는 술집에 충실했다. 그러던 어느 날, 이상형 선배가 말했다. "졸업 때까지 팔백 권의 책을 읽지 않으면 대학 다녔다고 하지 말아라." 멋진 남자의 입에서 저런 명언이 나오다니, 그에게 끌렸고 잘 보이고 싶었다. 조정래의 『태백산맥』과 이해하기 힘든 막심 고리키의 『어머니』도 읽었다. 하지만 내가 활자와 친해지기 전에 그는 다른 여자 선배와 사랑에 빠졌다. 책으로 이끌던 자석이 사라졌다. 그렇게 나의 독서는 끝났다.

 캐나다 밴쿠버에 있을 때였다. 공부하던 어학원 근처에 도서관이 있었다. 숙제할 때 필요한 참고 자료는 엎어지면 코 닿는 곳에 있었다. 영어 실력이 캐나다 초등학생 수준이라 어린이책만으로도 충분했다. 그림 사전(Picture dictionary)은 픽사 애니메이션처럼 색상이 화려해서 눈을 사로잡았다. 비슷한 말 반대말 사전인 Thesaurus(시소러스)는 다른 단어를 배우는 데 최고였다. 펭귄 출판사의 리더스 책으로 명작을 읽기 시작했다. 다양한 책 덕분에 독서와 영어, 동시에 두 마리 토끼를 잡는 듯했다.

 단 한 번도 글쓰기는 엄두조차 내지 않았다. 일기나 메모는 계획적인 사람의 영역이라 생각했다. 학원에는 블로그나 공문을 작성하는 아르바이트생이 따로 있었다. '잘 쓰는 사람이 얼마나 많은데 그것까지 잘하면 세상 불공평하지. 나는 내가 잘하는 일만 하겠어.' 합리화했다. 쓰고 싶은 열망은 있었으나 용기가 없었다. 내 글을 읽고 "어머! 원장이 저렇게 글을 못 써? 저런 사람이 뭘 가르치겠어?" 비난받을까 두려웠다. 중간은 하는 척, 모자란 모습을 감췄다. 읽고 쓰고 싶은 마음은 50대 중반까지 서랍 속에 고이 모셔 두었다.

어느 날, 아이돌이 꿈인 학생과 이야기를 나눴다. "에이! 선생님~ 하고 싶은 건 하고 싶은 거고, 남 앞에서 춤추는 건 다르잖아요? 춤을 잘 못추면 남들이 뭐라 그러겠어요?" 그 말에서 남의 시선이 두려워 글쓰기를 시도조차 하지 않는 내 모습이 보였다. "야~ 인생 뭐 별거냐? 하고 싶은 거 있을 때 그냥 해. 남의 시선이 뭐가 중요해!" 나에게 하는 말이었다. 결심했다.

가면을 벗어던지기로! 쓰기의 바닥에 있는 나를 드러내기로!

변화의 시작, 책장을 넘기다

무덤덤한 일상을 보내던 그날도 리모컨을 돌리고 있었다. LG유플러스에 추천 영화 〈디태치먼트(Detachment)〉가 떴다. 〈피아니스트(The Pianist)〉의 에이드리언 브로디(Adrien Brody)가 주연이라 주저하지 않고 요금을 냈다.

영화는 줄곧 '우리는 왜 읽고 써야 하는가?'를 묻는다.

주인공 헨리 바스는 문학을 가르치는 임시 교사이고 이번에 발령받은 곳은 뉴욕 빈민가의 공립학교이다. 그는 학생들에게 첫날부터 글쓰기를 시킨다. 주제는 '본인 장례식'이다. 죽음을 떠올리며 "나는 어떤 사람으로 기억되고 싶은가, 현재 어떤 삶을 살고 있는가?"를 생각하게 한다. 학생 대부분은 써내지 못한다. 기고만장한 젊은 날에 누가 죽음을 생각하겠는가? 주변에서 마주하는 죽음은 살아갈 날이 많은 그들에게는 먼 나라 남의 세상 이야기일 것이다. 그들을 보며 헨리는 말한다.

"끊임없이 읽고 생각하며, 쓰고 의심하라. 그렇지 않으면 너희가 원하는 세상이 아닌, 세상이 원하는 대로 살 수밖에 없다."

영화를 보고 지난 시간을 돌아보았다. '나는 어떻게 살고 있는가? 읽고 쓰는가? 어떤 일을 깊게 생각해 본 적이 있는가? 타인의 삶을 사는가? 나의 삶을 사는가?' 질문이 이어졌다.

어느 날, 출판사를 하는 친구가 『미오기傳』을 보내왔다. "앨리스가 읽으면 좋아할 거야." 그렇게 명랑 소녀, 활자 곰국 끓이는 여자, '김미옥 작가'를 만났다. 첫 장부터 배꼽 빠지게 웃었다. 책은 진지하다는 고정 관념이 깨졌다. 사설보다 날카롭고 전문적이며 〈개그콘서트〉보다 해학적이다. 이야기는 슬픈데 느낌은 웃프다는 게 꼭 맞았다. 감동한 부분에 밑줄을 쳤다. 재미있어서 여러 번 보았다. 읽을 때마다 마음을 사로잡는 부분이 달라졌다. 곰국처럼 글이 깊어지고 좋은 글맛이 느껴졌다. 좋은 문장을 한글파일에 옮겨 쓰기 시작했다. 이때부터 독서 후 정리하는 습관이 생겼다. 42쪽에는 이런 구절이 있다.

"어릴 적 나의 독서는 하느님의 '황금 배낭' 같은 것이었다. 하느님은 길을 떠나는 이들에게 돌이 든 배낭을 공평하게 나눠주는데, 끝까지 들고 간 사람은 배낭 속의 돌이 황금이 되어 있더라."

그녀는 돈이 없어 공장을 다닐 때도 손에서 책을 놓지 않았다. 누군가에게 맞을 때도 배고플 때도 읽었다고 했다. 서점에서 데이트할 때, 함께 간 남자를 잊고 책의 다음 장면이 궁금해 바로 집으로 와 이별했다는 에피소드도 있다. 읽을거리가 없던 시절, 손에 잡히는 대로, 눈에 들어오는 대로 아무거나 읽었다고 했다. 현재 그녀는 칼럼니스트, 활자 중독자이며 서평을 쓴다. 그분과 사석에서 만나 대화를 나눈 적이 있다.

"읽었으면 반드시 쓰세요. 한 줄이라도! 글은 지문(指紋)입니다. 잘 쓰고 못 쓰고는 없습니다."

한국인 1년 평균 독서량을 깎아 먹었던 나였다. 『미오기傳』을 시작으로 나도 활자에 가까이 가게 되었다. 찾지 않던 도서관을 일부러 간다. 앉아 있으면 아무거나 읽고 쓰고 싶어진다. 좋은 문장과 책은 여러 번 읽는 습관도 생기고 요약도 한다. 이제는 매일 읽는다. 헨리가 강조했던 '우리가 원하는 삶을 살기 위해' 그리고 김미옥 작가의 '황금 배낭'을 만나기 위하여.

다른 세계로 건넌 한걸음

"사람이 갑자기 변하면 죽을 때가 되었다."라는 말이 있다. 내 별명은 '풀 방구리'다. 한자리에 있지 못하고 여기저기 쏘다닌다는 뜻으로 같이 사는 사람이 나에게 붙여주었다.

그런데 2024년 1월, 모든 걸 바꿔놓는 일이 생겼다. 한자리에 앉아 인생 어디에도 없던 '내 이야기'를 써보겠다고 결심한 것이다. 글 쓴다는 게 말처럼 쉬운 일이 아니다. 도깨비방망이로 마술을 부릴 수 있는 건 더더욱 아니다. 작가는 항상 몇 시간씩 책상에 앉아 있고 디스크가 걸리고 머리를 쥐어뜯고 늘 고뇌에 찬 삶을 산다고 하는데, 나는 왜 갑자기 그 어려운 길에 들어선다고 했을까? 작가 타이틀을 달고 싶었을까? 관심받고 싶었을까? 아니면 도전적 삶을 이야기하고 싶었을까? 이런저런 마음이 섞여 고민할 즈음 '위아비즈 아카데미' 김위아 대표와 인연을 맺었다.

1년 프로젝트! 초고 3개월, 퇴고 5개월, 투고 1개월, 또 퇴고 4개월, 출간 계획으로 촘촘했다. 처음에는 '글을 쓴다'라는 자체가 남의 옷을 입은 것처럼 어색했다. '먹고 뜯고 씹고' 음식 광고처럼 글쓰기는 매일 '쓰고 지우고 또 쓰고 고치고'가 뫼비우스 띠처럼 무한 반복되었다. 그러면서 30분도 한자리에 앉아 있기 힘들던 내가 1시간, 2시간, 또 3시간, 그렇게 6시간까지, 풀 방구리가 의자에 풀을 붙인 채 있듯, 한자리에 머물기 시작했다. 쓰기는 '엉덩이 힘'의 아름다움을 알려주었다.

에세이는 마흔 개 꼭지로 이루어졌다. 주제는 행운과 함께 한 삶이었다. 글로 표현하는 일은 어려운 듯 쉬웠고 쉬운 듯 어려웠다. 쓰면서 나를 돌아보아야만 했다. 외로웠던 나, 주어진 환경에서 벗어나고 싶어 발버둥 쳤던 나, 안 되는 걸

되게 하려고 무던히도 애썼던 나, 뒤통수에 칼을 꽂히고도 아픔보다 꽂은 당사자와의 추억이 그리웠던 나, 생각 없이 잘 웃기만 한 나, 잘 웃는다고 더 많이 맞았던 나, 사회에 무얼 나눌까 고민하는 나. 쓰면서, 돌아보면서 내가 불쌍해서 울기도 했고, 잘 견뎌줘서 어루만져 주기도 했다. 그 모든 걸 담은 개인 저서 『나는 오늘도 행운을 만든다』가 세상에 나왔다.

출판 후 누군가가 "작가님~"이라고 불러주는 순간, 한 가지 꿈은 이뤘다고 생각했다. '작가'라는 그 호칭이 불편하기도 하지만 듣기는 좋았다. 책을 읽은 학부모는 나를 부러워했다. "원장님! 최고예요. 도전 정신도 부럽고 그걸 글로 풀어낸 것도 멋있어요."

어떤 학부모는 열풍을 몰아왔던 드라마 〈폭삭 속았수다〉의 서사가 있다며 손을 꼭 잡아주기도 했다. 잘 웃는 나의 이면에 슬픈 사연을 보게 되어 마음이 아리다는 사람도 있었다. 한 할머니는 손주 데리러 왔다가 토닥토닥해 주기도 했다. 그러면서 한마디 덧붙였다. "멋진 원장입니다."

쉬는 시간에 학생들끼리 내 책 이야기하는 걸 들었다.

"야! 너는 어느 문장이 제일 좋았어?"

"20점짜리로 태어나 90점이 되었다. 그 말 멋지지 않니?"

"난 그냥 해! Just keep doing. 야! 우리도 그냥 놀자."

"우리 언젠가 필리핀 가면 앨리스가 만들어 준 놀이터 가 볼래?"

한 친구는 앨리스처럼 되고 싶다고 했다. 커다란 행복, 무게감, 책임감이 밀물처럼 밀려왔다.

쓰기는 치매 예방에 더없이 좋다. 예전에는 낱말이 떠오르지 않아 "거시기 있잖아? 그거?" 하고 두루뭉술하게 말하는 버릇이 있었다. 상대는 앞뒤 문맥으로 내가 하고자 하는 말을 이해했고 나이도 있으니 노화라고 생각했다. 그게 편하니까 익숙해진 것이다. 점차 기존의 단어들도 잊었다.

쓰면서 태도가 점차 바뀌었다. 무엇이든 기억하려 애쓰고, 바르게 사용하려고 찾아본다. 어느 가을날, 집 근처 숲에서 뱀을 보았다. 예전 같으면 "아우. 무서워! 나 뱀 봤잖아. 일단 잽싸게 달렸네."라고 했을 것이다. 글을 쓰면서 조금씩 달라졌다. "아우. 세상에! 세상에! 오늘 아침에 집 앞 공원을 산책하는데 낙엽 위에 혀를 내밀고 있는 뱀이 나를 쳐다보고 있잖아. 걸음아 나 살려라, 내가 어찌나 빨리 달렸는지 그놈도 놀랐을걸." 글 덕분에 어휘력, 기억력, 표현력도 나아지고 있다.

사람이 변하면 죽을 때가 된 것이 아니라 제2의 인생을 사는 거다. 읽고 쓰기의 아름다움은 사소한 변화가 주는 크나큰 행복으로 돌아온다. 그 여행을 떠나보길 바란다. 누군가 말했다. "여행은 움직이는 독서이고 독서는 앉아서 하는 여행이다!"라고.

100일의 글쓰기가 남긴 변화

 책과강연 출판사에서 '백일백장' 이벤트를 진행했다. 글쓰기 습관을 목적으로 100일 동안 블로그에 자유롭게 쓰고 카페에 인증하는 방식이다. 참여자가 백여 명이 훌쩍 넘었다. 나도 신청은 했으나 글을 써본 적이 없어 무슨 주제로, 시작은 어떻게 해야 할지 막막했다.

 고군분투하며 30일 차까지 진행했다. 슬슬 고비가 왔고 힘들었다. 포기하고 싶은 마음과 포기하고 싶지 않은 마음이 줄다리기했다. 첫날, 모두 앞에서 약속했기에 끝내야 했다. 쓸 내용이 없을 때는 다른 블로그를 다니면서 어떻게 쓰는지 참고했다. 자기 계발, 정보, 홍보 글도 많지만, 일상을 담은 글이 와닿았다. 소재가 없을 때는 일을 만들었다. 사람을 만나 추억거리를 쓰기도 했고 예정하지 않았던 이벤트와 학원 기록물로 쌓아둘 게임도 했다.

첫 번째 프로젝트에서 99일을 썼다. 두 번째 도전에서는 하루도 빠짐없이, 100일을 완벽히 마쳤다. 점차 쓰는 재미에 가속도가 붙었다. 블로그 이웃이 생기는 일도 신기했다. 또 어느 날은 선생님 한 분이 말했다. "원장님! 글이 너무 좋아요! 짧아지고 가독성이 좋아졌어요!" 태어나서 내가 쓴 글로 처음 받아보는 칭찬이었다. 정말 덩실덩실 춤추고 싶었다. 내 영역이 아니라고 생각했던 분야에서 나아지고 있다는 말을 듣다니….

재미난 글쓰기를 주변 사람과 함께 해야겠다고 결심했다. 오늘의 나를 있게 한 학생과 하고 싶었다. 하지만 문득 '요즘 초등학생이 어른보다 더 바쁘지 않은가?'라는 생각에 글 쓰는 사람을 학부모로 바꿨다.

공지했다.

"왓썹 백일백장! 백 일 동안 블로그에 글을 쓰고 수강료 한 달 면제!"

'글은 그들을 위해 쓰는데 왜 내가 돈을 주지?' 잠시 갸우뚱했다.

'그래! 부모가 쓰는 습관이 생기고 그 모습을 보면 아이도 보고 배우겠지!'

일곱 분의 학부모가 신청했다. '백일백장 프로젝트'는 2024년 10월 28일 출항했다. 모두 나처럼 글쓰기를 처음 한 사람들이었다. 다들 같은 말을 했다. "쓰기가 좋아서가 아니라 수강료 면제받고 싶어서 시작했어요." 그들도 나처럼 시작부터 힘들어했다. 무엇을, 어떻게 써야 할지 모른다며 글쓰기 신청한 것을 후회했다. 내 경험을 얘기했다. "다른 사람 블로그 참고하세요. 도움이 많이 될 거여요. 처음이 어렵지 쓰다 보면 끝이 오더라고요."

참가자들도 30일쯤 슬럼프가 왔고 60일에는 "그만할까요?"라고 말했다. 그즈음 글쓰기 선생님을 초빙하여 동기부여 해주었다. 그들은 앞에서 끌어주는 나와 뒤에서 댓글로 응원하는 동기들의 사랑으로 힘을 얻었다. 1기 백일백장은 여섯 명이 완주했고 한 명은 아이가 병원에 입원하게 되어 97일 차에 멈췄다.

끝은 있었다. 참가자들은 한 달 교육비 면제를 선물로 받았다. 그들은 말했다. 다른 학원에서는 있을 수 없는 귀한 경험을 했고 앞으로도 계속 글쓰기를 하고 싶다고! 쌓여가는 기록과 날마다 쓰는 습관을 지닌 자신을 사랑하게 되었다고 했다.

'백일백장' 2기도 열 명 중 아홉 명이 완주했고 한 명은 6개월째 거북이걸음이지만 멈추지 않고 걷고 있다. 이벤트가 점점 확장되어 2025년 6월 엄마와 아이가 함께 쓰는 '맘&키즈 백일백장' 3기가 출발했고 9월에 끝났다. 초1, 초2, 초4 학생들이 100일 동안 글을 썼다. 한 아이의 마지막 노트에 이런 글이 있다. "처음에는 남들이 안 하는 걸 하는 게 멋져 보였다. 하지만 중간에 쓰는 게 너무 힘들어 그만하고 싶었다. 근데 내가 쉬면 엄마가 쓰고, 엄마가 쉬면 내가 쓰고 있어 서로 토닥이며 끝까지 했다. 내가 자랑스럽다. 나는 계속 쓸 것이다."

나도 뿌듯했다. 학생도 학부모도 목표를 이루고 그 기쁨을 나누게 되어서. 무엇보다 모두가 이 과정을 함께 걸어왔다는 사실, 서로를 응원하며 쓴 100일의 기록은 우리 모두를 성장시켰다.

생각을 읽고 글을 심다

2017년 경기도 하남 미사로 학원을 옮겼다. 영어유치원, 어학연수를 다녀오지 않고 영어로 대화하는 게 쉽지 않다. 그 장벽을 꼭 깨고 싶었다. 회화를 자유롭게 하는 것이 학원의 방향성이었다. 팝송, 발표, 책 암기 등 차별화된 방법으로 학생들이 영어 회화는 잘한다. 살짝 아쉬웠던 건 말하기 90%와 쓰기 10%로 비중이 안 맞아 쓰기가 약했다.

2024년부터 나는 글쓰기의 매력에 빠졌다. 결정한 일에 집중을 잘하는 편이다. 그 결과 개인 저서 『나는 오늘도 행운을 만든다』와 함께 쓴 『당신과 나의 하루, 에세이로 피어나다』를 출간했다. 밤마다 후회할 정도로 힘들기는 해도 쓰기만큼 개인 성장을 돕는 유익한 일은 없다고 확신했다. 다양한 쓰기 활동을 학원에 적용하기로 했다.

첫째, 커리큘럼에 추가했다. 상담이 변했다.

A) 쓰기가 없을 때

학부모: 이 학원이 좋은 건 알겠는데 쓰기가 없네요.
선생님: 어머니~ 제한된 시간에 4대 영역을 골고루 하기 힘들어요. 저희 원의 목표는 영어로 말하기에 있습니다. 그 부분에 집중합니다.

B) 쓰기 추가 후

학부모: 쓰기는 어떻게 하나요? 쓰기가 없다고 들었어요.
선생님: 어머니~ 쓰기는 영어의 꽃입니다. 예전에는 과정에 없던 게 맞고요. 이제는 합니다. 1년 차는 그림 또는 단어로 표현하는 방법을, 2년 차는 문장을 외워서, 3년 차는 외운

문장을 이야기로 바꿔서, 4년 차부터는 수필 쓰기를 합니다."

둘째, 글 그림 전시회를 연다. 작년까지는 명대사 발표, 더빙, 팝송 대회처럼 말하기 위주 행사만 진행했다. 올가을부터 학생 글·그림 전시회를 열었다. 학원 근처에 있는 천년 고찰 "동사" 마당에서 색상이 알록달록, 표현이 각양각색인 학생 작품을 선보였다. 학부모도, 사찰을 찾은 사람도 10세기 역사 유물과 21세기 아이들이 공존하는 모습을 확인할 수 있었다. 모두를 위한 열린 글 전시회였다.

학원 입구와 복도에 큰 종이가 붙어있어 누구나 마음대로 글을 쓴다. 그림도 그린다. 친구나 엄마, 선생님에게 쓴 편지도 있고 노는 그림일기도 있다. 첫 방문객 모두 놀란다. 벽이 온통 글과 그림이라니! 어떤 사람은 학원이 깔끔하지 않다고, 어떤 사람은 자유롭다고 이야기한다. '자유로움 속에도 아름다운 질서'는 있다.

셋째, 원장실을 도서관으로 바꿨다. 노는 것을 좋아하는 친구는 쉼 없이 복도에서 논다. 읽는 것을 좋아하는 학생은 쉬는 시간만 되면 도서관으로 온다. 책 싫어하는 아이들은 책만 들고 있어도 포인트를 준다. 종종 수업 시간을 잊은 채 글자에 빠져드는 아이도 있다. 고개를 숙이고 글자에 빨려 들어가는 듯한 모습은 책이 주는 선물이다.

좋은 글에서 좋은 삶이 자랄 것이다.

나에게 띄우는 성장 편지

To. 문희야!

10대에는 조용히 반항하며 엄마 품에서, 20대에는 무언가 배운다며 밖으로 돌아다니고, 30대에는 살아보겠다고 아등바등했지. 40대에는 나름대로 뜻을 이루고 잘 살더니, 50대에 뜬금없이 글쓰기라니! 너무 얼토당토않아서 웃음이 나왔지. 늘 그렇게 생뚱맞더라. 물리과에서 영어 교사가 된 것처럼 말이야.

힘들었던 거 잘 알지. 펜을 팽개치기도, 욕을 하기도, 머리를 쥐어뜯기도, 그만두고 싶었던 적이 한두 번이 아니었지. 하지만 운명이야. 글쓰기가 어떤 의미인지 또 어떤 미래로 가는 징검다리인지 잘 아니까. 늘 그랬어. 너는 힘들 때마다 고통을 참고 견디며 꽃 피울 준비를 했어. 마치 밴쿠버에서 무일푼으로 공부했던 것처럼 말이야. 그 자세 덕분에 머지않아 "명랑, 쾌활, 긍정"의 작가로 원하는 삶을 살게 될 거야. 늘 도전하면서 즐겨줘서 고마워!

4장

하루 끝,
내일을 여는 글

심다현

읽기와 쓰기는 수학의 또 다른 얼굴이었다. 문제를 읽고, 과정을 쓰며, 자기 생각을 표현하는 교육이 사고력을 기른다. 사고력 수학학원 '아담 리즈수학 김포고촌센터'를 운영하고 있으며, 글로 수학적 사고를 정리하는 과정을 연구 실천하고 있다. 언어와 수학이 따로 존재하지 않고, 같은 사고의 뿌리에서 비롯된다는 통찰이 독자들과 공유되길 소망한다.

저서: 『당신과 나의 하루, 에세이로 피어나다』(공저)

맘스다이어리, 쓰기로 나를 돌아보다

책장 사이 먼지 쌓인 책을 펼쳤다. 16년 전의 내가 말을 걸어왔다. 막 엄마가 된, 서툴고 조심스러웠던 하루가 담겨 있었다.

오늘은 처음으로 혼자 기어다녔다. 눈물이 났다.
잠든 얼굴을 보며, 지켜낼 수 있을까 불안했다.
밤새 울던 아이를 달래며 나 자신이 무력하게 느껴졌다.
처음으로 엄마라고 불러줬다.

육아 일기를 쓰면서 첫 눈맞춤, 첫 웃음처럼 소중한 순간을 담을 수 있었다. 서툴던 그 시절의 내가 생생하게 전해졌다. 나 홀로 육아로 힘들었지만, 하루하루 써 내려간 기록들이 지금 보니 모두 보석 같다.

육아할 때 매일 성장하는 모습을 옆에서 관찰할 수 있는 행복도 있지만, 자신을 잃어버리는 느낌이 강하게 들기도 한다. 근처에 부모, 형제, 친구도 없이 완전히 고립된 시간이었다. 출산 후, 한 달은 몸도 마음도 지쳤고, 두 달쯤 지나 그 시간을 기록하고 싶어 맘스다이어리를 쓰기 시작했다.

맘스다이어리는 부모가 아이의 성장, 건강, 행동 및 감정 변화, 고민, 행복 등을 남길 수 있는 육아 일기이다. "100일간 기록 후 출판"을 할 수 있어서 100일, 혹은 신생아기, 돌 전후를 기준으로 완성한다. 다이어리는 개인 기록용, 가족 공유용, 소규모로 인쇄하여 선물하거나 간직한다. 16년 전, 엄마들 사이 유행처럼 번졌는데, 돌잔치에 맘스다이어리를 완성해서 앨범과 함께 올려놓기도 했다.

100일 동안 빠짐없이 출석하며 일기 쓰는 것이 쉽지 않았다. '육아에 지쳐 있는데 하루 정도는 빠질 수 있지.' 생각하다가도 하루하루 시간이 쌓여가니 포기하기에는 아까웠다. 매일 출석하고 도착한 맘스다이어리를 보니 예상보다 감동이었다. 한 권으로 끝내려고 했다. 하지만 출간의 기쁨을 느끼고 싶어 다시 도전했다. 쉽지 않았지만 내 사전에 포기는 없었다. 두 번째도 완성했다.

초보 엄마였던 나는 모든 것이 두려웠다. 잘하고 있는지 확신도 없었고, 육아의 세계가 이렇게 외로운 줄 몰랐다. 아기도 세상이 처음이지만 나 역시 엄마는 처음이었다. 밤마다 분유 타던 손은 떨렸고, 아이의 높은 체온에 눈물이 고이던 날도 많았다. 그런 나를 아무도 모른다고 생각했기에 그 마음을 다이어리에 써 내려갔다. 나만의 조용한 편지처럼….

당시 쓸개 제거 수술 때문에 모유 수유도 중단해야 했고, 아이도 안으면 안 되었다. 보모를 구하려고 했지만 내가 살던 지역은 사람을 구하기 어려웠다. 대안이 없어 8개월 된 아이를 어린이집에 보내려니 죄책감이 밀려왔다. 처음 등원시키고 집에 돌아가지 못한 채 문 앞에서 서성거렸다. 어린

이집 원장님이 상황을 보고 며칠 같이 와도 된다고 했다. 이틀인가 같이 가서 봤는데, 걱정과 달리 잘 적응하고 재미있게 생활했다. 생후 8개월부터 단체 생활을 시작해서인지 지금도 사회성은 최고다. 맘스다이어리를 다시 보니 당시 상황들이 파노라마처럼 스쳐 지나갔다. '그때의 나는 참 용감했구나.'

세상은 늘 엄마에게 "잘해야 한다."고 말했지만, 나는 그저 아이를 사랑하는 법을 배워가는 중이었다. 서른이 되지 않은 어린 나이였다. 두려움과 고민이 당연했지만, 그때는 그러면 안 될 것 같았다. 엄마가 되었으니 다 잘 해내고 싶었다. 현실은 실수투성이에 후회도 많았고, 어떤 날은 도망치고 싶을 만큼 힘들었다. 하지만 하루도 빠짐없이 아이를 안아주고, 웃게 하고, 끝내 포기하지 않았다.

16년이 흐른 지금 그 아이는 청소년이 되었고, 나 역시 단단해졌다. 단단함의 밑바닥엔 육아 일기를 쓰던 시절의 흔들리는 내가 있었다. 흔들리면서도 사랑했고, 불안하면서도 기록했고, 울면서도 매일을 살았던 초보 엄마가 있었기에 지금의 내가 있다. 완벽하지 않은 엄마지만, 아이의 마음을 먼저 느끼고 싶은 그 마음은 그대로이다. 요즘 사춘기인 아이의 웃는 모습은 보기 어려워졌다. 그래도 어떤 일이든 나와 이야기하는 아이에게 고마운 마음이다. 지금도 내가 해줄 수 있는 것은 웃게 하고, 안아주고 믿어주고 포기하지 않는 것이겠지?

맘스다이어리는 다 커버린 아이와는 다른 시간에 머물러 있지만, 그 시간 속의 나는 여전히 내 안에 살아 있다. 앞으로도 다른 길 앞에서 흔들릴 때, 노트를 펼치고 그 안에서 들려오는 따뜻한 목소리를 다시 들을 거다. "괜찮아. 그때도 잘 해냈잖아. 이번에도 우리는 해낼 거야." 16년 전의 나와 오늘의 내가 만난다. 그때의 내가 오늘의 나에게 보내는 응원의 메시지로 다시 힘을 내본다. 시간은 멀어졌지만, 마음은 멀어지지 않았다. 삶의 가장 아름답고도 열정적인 시간이 고스란히 기록된 일기장. 그것은 사랑과 성장의 증명이다. 시간은 흘러가지만 글로 남긴 마음은 여전히 살아 숨 쉬는 감정으로 남아 있다. 지금의 나에게 주는 선물이 되었던 맘스다이어리처럼 이 글이 미래의 나에게 또 다른 선물이 될 것이라 믿는다. 과거와 현재를 잇는 보이지 않는 끈, 삶의 흔적인 기록을 차곡차곡 쌓아가련다.

영화 속 치유의 글귀

　때로는 영화 한 편이 책 한 권보다 마음을 흔든다. 스크린 속 한 장면이 내 가슴 속 잠든 문장을 깨웠다. 이번에는 그렇게, 읽고 쓰기에 대한 울림을 주는 영화를 나누려 한다. 첫 번째는 〈더 리더(The Reader)〉(2009)로, 부제는 '책 읽어주는 남자'이다. 제2차 세계대전 후 독일에서 일어난 이야기로 주인공 한나는 성인이 되도록 글을 읽지도 쓰지도 못하는 문맹이지만, 그것을 철저히 감춘 채 살아간다. 소년 마이클이 책을 읽어주는 순간을 삶의 위안으로 삼는다. 한나는 책을 들으면서 느끼고 상상하고, 사랑하며, 눈물을 흘릴 줄 알았다. 그렇게 감수성이 풍부한 사람이지만, 죽음을 택

할지언정 문맹이란 사실을 숨길만큼 자존심이 강했다. 책 읽기가 그녀의 삶에 많은 위안을 주었어도, 풍부한 지식 습득과 인격 성장을 이루지는 못했다. 다양한 지식과 배움의 기회가 더 있었다면 그녀의 인생이 달라지지 않았을까?

"내 느낌은 중요하지 않아. 내 생각이 어떤지도 중요하지 않아. 사람들이 죽었다는 사실은 변함없으니까."

그녀는 기계처럼 주어진 일만을 처리했고, 윤리적으로 무감각했다. 읽고 쓰게 된 후 자신이 저지른 잘못을 스스로 용서하지 못한 채 생을 마감한 장면이 충격으로 남았다. 문맹과 윤리라는 주제로 오랫동안 기억 속에 머무른 영화였다. 문해력의 결핍이 초래한 윤리적 무감각과 그걸 깨달았을 때 느끼는 무력감과 책임감이 담겨 있다. 책을 몰랐던 한 사람이 뒤늦게 책 밖의 세계와 자신을 이해하게 된 순간의 절망스러움이 절실히 느껴졌다.

두 번째는 〈프리덤 라이터스(Freedom Writers)〉(2007)로 실화를 바탕으로 한 영화다. 교사 에린 그루웰은 글쓰기로 학생들의 삶이 바뀌도록 돕는다. 영화를 보면서 교사로서 그루웰의 희생과 열정에 감명을 받았다. 학생들은 처음에 냉소와 불신을 갖지만, 점점 고통, 분노, 두려움, 꿈을 글로 표현하면서 자신이 버려진 조각이 아니라는 것을 깨닫는다. 일기를 쓰면서 내면의 상처와 감정을 표현하고, 서로의 이야기를 읽고 공감과 이해를 쌓아가는 장면이 인상 깊었다.『안네의 일기』,『줄라이의 사람들』같은 책을 읽으며, 전쟁, 차별, 고통 속에서 희망을 지킨 이들의 이야기에 공감한다. 문제아로 불리던 학생들이 글을 통해 자신을 표현하면서 자존감을 되찾는다. 나와 다른 삶을 산 사람도 내 아픔과 닿는 부분이 있다는 깨달음을 얻는다. 글쓰기가 치유와 소통의 도구라는 걸 이해할 수 있었다.

학생들을 지지해 주고 믿어주며 들어주는 어른 그루웰이 있었기에 그들은 긍정적으로 변할 뿐 아니라 인격적, 학습적으로도 성장한다. 아이들이 자신의 문제점을 깨닫고 학습 의지를 다지게 하는 그루웰 선생님처럼 살고 싶어졌다. 자신은 돌보지 못한 채 학생들을 위해 헌신하며 겪는 심리적 상태와 현실적인 부분들을 보면서 더욱 그 고통이 피부로 와닿았다. 그녀의 결단력과 희생은 영화를 보는 내내 이상적인 선생님의 표본이 되어줬다. 실제로 이와 같은 상황을 마주한다면, 영화 속 그녀처럼 내 삶을 지키지 않고 끝까지 학생들만을 보며 희생하면서 살 수 있을까?

"누군가에게 억지로 배우게 할 순 없어. 그들이 배우고 싶도록 영감을 줄 뿐이야."
"난 드디어 지금껏 느껴온 감정이 뭔지 알게 됐어요. 나 혼자가 아니었어요."

진정한 교육은 배움에 대한 동기부여와 영감으로 시작된다. 서로의 글을 읽으며 자신과 같은 고통을 겪은 친구들이 있음을 알고 '나만 힘든 게 아니구나.' 하고 위로받는다. 모든 사람은 자신만의 이야기가 있다. 그렇게 그들이 쓴 글은 실제로 『프리덤 라이터스 다이어리』로 출간된다. 기록은 고통을 정리하고 희망을 말할 수 있게 해주는 힘을 보여준다. 읽고 쓰기는 생존과 정체성의 도구이다. 누구의 삶도 이야기할 가치가 있으며 공감을 자아낸다. 이들은 졸업 후 프리덤 라이터스 재단을 만들어 후배들의 삶도 변화시키고 있다.

세 번째는 〈파인딩 포레스터(Finding Forrester)〉(2001)로 재능 있는 흑인 소년 자말이 은둔 작가 윌리엄 포레스터를 만나 서로에게 긍정적인 영향을 주고, 글쓰기를 넘어 인생을 배우는 이야기이다. 주인공 자말은 천부적인 글쓰기 재능을 지닌 흑인 청소년이다. 우연히 세상과는 단절된 채 살아가는 작가 포레스터를 만난다. 그의 서재에서 다양한 책을 읽고 시야를 넓히며, 글을 통해 서로의 세계가 깊이 연결된다.

숀 코너리를 좋아해서 영화를 보기 시작했는데, 자말 역의 젊은 롭 브라운의 연기도 좋아서 더 몰입했다. 천재 작가인 포레스터는 자말이 노트에 남긴 끄적임만으로도 그의 비범함을 단번에 알아보았다. 천재들은 서로 통하는 것인가? 자말과 포레스터의 열정과 지성이 서로의 삶에 잊지 못할 시간을 만들어 주며 한계를 뛰어넘는 점이 인상적이었다. 긍정적인 영향을 주는 사람을 곁에 두고 친구가 되는 것은 행운이다. 자말과 포레스터도 호기심으로 끝날 인연이었을 수 있다. 그러나 자말이 포레스터의 집에 놓고 온 가방을 찾으러 갈 선택을 하고, 실행한 용기가 서로를 구원한 씨앗이 되었다.

  무엇이든 처음이 어렵다. 자말도 윌리엄이 글을 써보라고 할 때 아무것도 쓰지 못하자, 윌리엄은 자신이 예전에 쓴 글을 타자 치는 것부터 시작하게 했다. "가슴으로 쓰고 머리로 다시 쓰는 거야." 처음 글을 쓸 때는 이성보다 감정을 따르고, 진심을 따르라고 조언한다. 자기 내면을 솔직하게 표현하는 것이 중요하다고. 글을 처음 쓸 때 무슨 얘기로 시작해야 할지 난감하고 답답한 그의 심정을 영화를 보며 200% 공감했다. '초고는 어차피 쓰레기인데, 처음부터 잘 쓰려고 하지 말고 일단 쓰는 것부터 시작해야지.' 생각하다가도 막상 글을 쓰려고 하면 쉽지 않다.

  "작가는 책을 낸 사람이 아니라 글을 쓰는 사람이다." 자말은 학교에서 글을 표절했다는 누명을 쓰지만, 진심을 담은 글과 포레스터의 도움으로 그 오해를 이겨낸다. 세상의 인정을 받지 않아도, 꾸준히 글을 쓰는 사람은 이미 '작가'라는 정의는 큰 울림을 준다.

세 영화 속에서 글쓰기는 의사소통을 넘어 정체성을 형성하고, 과거의 상처를 재해석하며, 인간관계를 회복하는 도구이다. 글을 쓴다는 것은 자신을 마주하고, 외면하고 싶던 기억과 감정을 꺼내 고통스럽기도 하다. 하지만 자신을 있는 그대로 받아들이고, 진실에 가까워질 수 있다. 누군가 내 글을 읽고 공감해 준다는 것은 존재 자체를 존중받는 감정을 불러일으킨다. 글을 매개로 한 공감은 사회적 치유로 확장된다. 〈더 리더〉, 〈프리덤 라이터스〉, 〈파인딩 포레스터〉는 각기 다른 방식으로 글쓰기의 힘을 증명해 낸다. 글은 사람을 바꿀 수 있다. 말할 수 없었던 것을 말하게 하고, 숨겨진 감정을 드러내게 한다. 결국 글쓰기는 자신을 새롭게 써 내려가는 여정이고, 그 끝에서 우리는 더욱 단단하고 자유로운 자신을 만나게 된다.

읽기, 쓰기, 생각하기: 삶을 바꾸는 세 가지 힘

 읽고 쓰기는 인간이 사고하고 소통하며 성장하는 데 중요한 역할을 한다. 정보 전달을 넘어 개인과 사회 전반에 깊은 영향을 미친다. 우리는 매일 다양한 글을 읽고 쓰며 살아간다. 하루를 스마트폰으로 날씨를 보고, 뉴스를 읽는 것에서 시작한다. 밤사이 왔던 알림이나 메시지를 확인하고, 친구나 가족에게 메시지를 보낸다. 수업일지, 업무 보고서를 작성하고, SNS에 공지나 일상 글을 쓴다. 독서를 통해 새로운 지식을 접하고 기억에 남는 문구나 이야깃거리를 글로 남겨놓는다. 나의 하루를 돌아봐도 이미 나와 뗄 수 없는 삶의 한 부분이다. 의사소통의 도구를 넘어서, 삶의 질과 방향을 결정짓는 중요한 수단이다. 읽고 쓰기의 장점은 자신의 기록, 타인과의 소통, 사고의 성장이라는 세 가지 측면에서 뚜렷하게 드러난다.

첫 번째 장점은 삶을 기록할 수 있다는 점이다. 인간은 기억의 한계를 가지고 있다. 시간이 흐르면서 감정은 희미해지고 경험은 왜곡되거나 사라지게 된다. 특히 나이가 들면서 기억력 감퇴에 대한 증상이 피부로 와 닿는다. 40대가 된 후 일상생활에서 기억하지 못하는 것들이 많아지고는 기억력에 좋은 비타민도 검색하게 되었다.

"엄마는 내가 하는 얘기를 집중해서 듣지 않잖아. 지난번에도 얘기했는데, 왜 기억을 못 해?"
"엄마 나이 되면 너도 예전처럼 다 기억하지 못할 수 있어. 그래서 엄마는 달력에 너에 대한 일정표를 기록해 두고 있어. 그런데도 잊어버리면 다시 고민해 볼게."

달력에 적는 일정 외에도 중요한 것은 알람 기능을 사용한다. 스마트워치에서 알람이 울리고 나서야 기억이 날 때면 문명의 발달이 고맙게 느껴진다. 스마트폰 메모, 브런치 스토리, 블로그 곳곳에 당시의 감정, 생각, 경험을 적어둔다. 일기, 수필, 시, 소설 등 어떤 형태든 글은 내가 살아 있음을 증명하는 흔적이 된다. 우리는 글을 통해 경험, 감정, 생각을 구체적으로 담아낼 수 있다. 예를 들어, 일기를 쓰는 것은 하루를 되돌아보며 자신을 성찰하는 좋은 방법이다. 있었던 일을 나열하는 것에서 벗어나 어떤 감정을 느꼈고, 어떤 교훈을 얻었는지 정리하는 과정은 내면을 들여다보게 만든다. 비록 공개하지 못한 채 나만 보는 글일지라도 시간이 지나 다시 읽어보면, 당시의 내가 어떤 고민을 했고 어떻게 성장했는지를 확인할 수 있다.

일기뿐만 아니라 여행기, 자기 계발 노트, 블로그 글 등 다양한 방식으로 글을 쓰며 우리는 삶의 궤적을 남기고, 이는 나만의 자산이 된다. 많은 곳을 여행했지만 필름 카메라 시절의 여행 기록은 거의 남아 있지 않다. 당시에는 열심히 사진을 CD 안에 담아놓았다. 언제 어디에서 찍은 사진들인지 네임펜으로 CD 앞에 적어두었다. 하지만, 아이러니하게도 지금의 데스크톱이나 노트북에는 CD를 넣는 곳도 없다.

돌아보니 어린 시절부터 분류와 기록이 습관화되어 있던 삶이었다. 디지털카메라 시대가 되고 나서는 구글 포토처럼 온라인에 사진이 자동으로 저장된다. 언제 어디서 찍었는지 인물과 지역별로도 검색이 가능하다. 블로그에 다녀온 여행을 적어두면 시간이 지나도 그때의 추억에 생생하게 다시 젖어 든다. 이렇듯 기록은 자신을 돌아보는 거울이 된다. 다양한 형태의 기록은 자료를 넘어, 삶을 이해하고 정리하는 데 도움을 준다. 쓰기는 존재를 증명하고 삶의 범주를 정리하며, 나의 정체성을 찾아가는 여정이다.

 학원 운영에서도 기록의 일상화는 계속된다. 모든 레벨마다 수업이 끝난 후 그날 쓴 교구들을 사진으로 남겨놓는다. 이 방법은 다른 원장님이 추천했던 조언을 적용했다. 처음엔 수업 준비하고 정리하는 것도 힘든데 사진까지 찍어놓으려니 보통 일이 아니었다. 밴드에 수업에 쓴 교구 사진을 올리고 내용을 적어두니 선생님 모두 접속해서 볼 수 있다. 그 기록이 쌓여 자료가 된 지금은 '작년 수업에서 어떻게 교구를 활용했지?' 찾아보고 적용하니 편하고, 다시 공부도 된다. 신입 선생님은 교구 세팅할 때 그 사진들을 보면서 도움을 받는다. 추가할 교구나 자료가 생기면 그 밑에 댓글로 적어 놓는다. 기록은 업무의 효율성도, 발전 가능성도 높여준다.

두 번째 장점은 소통을 원활하게 할 수 있다는 점이다. 사람은 사회적 존재이며, 다른 사람과의 교류가 없이는 살아가기 어렵다. 말로는 못 하는 감정과 경험들이 있다. 이때 읽고 쓰기는 강력한 도구가 된다. 말로 표현이 어려운 감정이나 생각도 글로는 차분하고 정확하게 전달하고, 더 깊은 차원으로 연결한다. 2년 넘게 함께 일했던 직원이 그만두면서 말차라테 한 잔을 건넸다. "원장님, 너무너무 감사했습니다. 꼭 다시 돌아올게요." 컵 홀더에 고민하면서 적었을 짧은 문구 하나에도 진심이 전달되었다. 손 편지가 주는 힘이다. 편지, 메시지, 책, 기사 등은 모두 상대방과 통하게 하는 도구로 서로를 이해하고 공감하며 관계를 형성한다. 인터넷이 발달한 현대 사회에서는 글을 통해 더 많은 사람과 연결되고, 다양한 생각을 나누며 살아간다.

학원을 운영하면서 공지 사항이나 안내문도 글을 써서 채널 메시지로 전달한다. 수업하면서 모든 학부모를 만날 수 없다. 중요 내용은 비용을 들여 전체 알림으로 보내, 전달받지 않은 학생이 없게 신경을 쓴다.

글은 시간과 공간을 초월해서 통한다. 편지로 멀리 있는 친구와 마음을 나누고, SNS 글을 통해 많은 사람과 생각을 공유할 수 있다. 책이나 기사처럼 공적인 글은 작가와 독자가 시공간을 초월해 만나는 장을 열어준다. 내 생각을 정리하여 글로 표현하고, 그것을 읽은 타인이 반응하며 새로운 생각을 더해가는 과정은 깊은 교감의 체험이다. 이는 인간관계를 풍부하게 만들고, 공동체 속에서의 나를 이해하는 데 도움이 된다. 누군가의 글을 읽고 공감하고 이해하기도 하고, 내가 쓴 글을 누군가 읽고 감동하고 위로받기도 한다. 읽고 쓰기는 거리나 언어, 문화의 차이를 넘어 사람과 사람을 연결하는 다리가 된다.

세 번째는 사고의 성장을 이끄는 도구라는 점이다. 글을 읽는 과정에서 타인의 생각과 세계관을 접하게 되며, 시야가 넓어지고 새로운 관점을 얻는다. 정보를 수집하는 것을 넘어 글을 읽고 분석하고 해석하는 과정은 생각의 깊이를 더한다. 또한, 글을 쓴다는 것은 생각을 구조화하고 논리적으로 전개하며 나만의 시선으로 정리하는 과정이다. 이를 통해 정제된 사고와 넓은 시야를 갖게 된다.

글을 쓰는 과정은 사고력 향상에 큰 영향을 미친다. 글로 표현하고 토론하는 과정은 '생각하는 사람'으로 성장하게 한다. 이는 자기 생각을 타인에게 설득력 있게 전달하는 데 중요한 자질이 된다. 글쓰기 훈련이 비판적 사고를 키우는 데 효과적이라는 이유도 여기에 있다. 이러한 능력은 자기성찰, 심리적 안정, 커뮤니케이션, 사업과 마케팅 등의 삶의 여러 영역에서 유용하게 쓰인다. 책 읽기는 다양한 분야의 글을 접하며, 새로운 지식과 가치관을 배우고 생각의 폭을 넓힌다.

삶을 바꾸는 세 가지 힘은 자신을 표현하고, 타인과 공감하며, 사고를 확장하는 균형 잡힌 성장의 길이다. 디지털 시대가 오면서 읽고 쓰기의 방식은 변화하고 있지만, 그 가치는 여전하다. 정보가 넘쳐나는 시대일수록 자기 생각을 정리하고 표현하는 능력은 중요해진다. 글은 과거와 현재를 연결하고, 사람과 사람을 이어 주며, 내면의 생각을 외부로 드러낼 수 있게 해주는 도구다.

수학과 글쓰기, 두 날개로 나는 하루

블로그를 처음 시작한 건 2003년이었다. 대학원에 다니는 시기여서, 인터넷에 일기를 쓰는 느낌이었다. 결혼 후 2009년쯤부터 열심히 했다. 갓난아이를 키우며 하루하루가 전쟁 같았고, 말 못 할 감정들을 쌓아두기보단 흘려보내고 싶었다.

'오늘 아침엔 이유식을 다 흘렸다.'
'남편은 매일 회식이다.'
'그래도 이 밤에 혼자 마시는 커피 한 잔이 위로된다.'

블로그에는 사소한 기록으로 가득 찼다.

글쓰기는 일상의 고리가 되었다. 마음이 복잡할수록 글을 썼고, 특별한 날엔 한없이 길게 써 내려갔다. 육아하며 모르는 것도 물어보고, 살림을 하며 새로 배운 것은 기꺼이 나누었다. 글은 누군가에게 읽히기도 하고, '위로가 되었다.'는 댓글로 되돌아오기도 했다. 내게 힘이 되는 동시에, 누군가의 하루에도 작은 불빛이 된다는 사실이 큰 동력이 되어 20년이 넘는 시간 동안 떠나지 않았다. 온라인에서 함께 했던 육아 동지들과 아직도 연락하면서 지낸다. 힘든 시절을 함께 했던 인연은 전우애처럼 우리를 끈끈하게 묶어주었다. 매일 블로그에 쓴 것은 아니다. 쉬어갈 때도 있었고 열심히 할 때도 있었다. '임금님 귀는 당나귀 귀'라고 외치듯, 그 공간은 대나무숲 같은 나만의 안식처였다. 그래서 긴 세월 동안 한 번도 닫지 않고 이어올 수 있었다.

시간은 흘러 아이는 고등학생이, 나는 '학원 원장'이 되었다. 수학과 가르치는 일을 좋아했다. 2년 전 수학학원을 열면서, 블로그와 인스타그램 SNS 계정을 만들었다. 요즘은 학부모나 학생도 온라인을 통해 학원을 느끼고 판단하니, 그 공간도 정성 들여 꾸미고 싶었다. 학원 SNS 운영은 아직도 배우면서 하나하나 조금씩 쓰고 있지만, 여전히 어렵다. 그래서 도전하게 되는 매력이 있다. 전문가 강의도 들어봤지만, 강의대로 따라 한다고 다 잘되는 것은 아니었다. 우리 학원의 철학이 담겨 있는 진정성 있는 SNS를 만들고 표현해 내고 싶다.

오늘은 수업 중에 어떤 질문이 나왔고,
그 질문이 나를 어떻게 놀라게 했는지.
학생의 노력 성과가 어떻게 나타났는지.
비 오는 날, 즐겁게 수업하던 아이들의 모습이 얼마나 아름다웠는지.

학원 SNS엔 그런 순간들을 짧은 글과 사진으로 기록한다. 블로그가 내 개인의 시간을 담았다면, 이 공간은 내가 만나는 사람들과의 이야기를 담는다. 이름도 얼굴도 다르지만, 수학이라는 공통의 언어로 만나 매일 조금씩 성장해 가는 아이들의 모습을 기록하며 나는 또 다른 방식으로 '읽고 쓰는 삶'을 이어간다. 학원에서 일어나는 에피소드들은 매일 다양하고, 그 일상들을 여전히 글로 사진으로 기록하고 있다.

"원장님 글을 보면 학원이 어떤 분위기인지 느껴져서 안심돼요."
"진짜 열심히 하길 잘했어요. 너무 뿌듯했어요."

학원 SNS에 올라온 이야기를 보고 학생 혹은 학부모의 이야기를 들을 때면 SNS를 하길 잘했다는 생각이 든다. 글을 쓴다는 건, 세상과 나 사이에 조용한 대화를 놓는 일이다. 가르치는 사람으로서 배워야 할 것이 많다. 글을 통해 나를 돌아보고, 생각을 정리하고, 때로는 지친 마음을 달랜다. 글을 쓸 때 비로소 '내가 누구인지'를 잊지 않게 된다.

학생들에게도 말한다. 수학도 결국 언어라고. 문제를 읽고, 해석하고, 자기 언어로 풀어내는 과정이 중요하다. "문제를 해결하려면 읽는 게 먼저야. 이해하려면 문장을 잘 읽어야 하고, 문제를 풀려면 네 방식으로 다시 써야 해." 그리고 덧붙인다. "수업 중에 배운 내용 중 기억에 남는 것들을 수학 일기로 적어 봐."

 처음 쓰라고 했을 때는 단어 몇 개 써오는 친구도 있었다. 두세 시간 수업하고 가서 느낀 점에 '없음' 두 글자 써오는 친구도 있었다. 하지만 아이들의 글은 좋아졌고, 지금은 하나하나 소개해 주고 싶을 만큼 열심히 써오는 친구도 많다. 한글이 아직 서툰 친구들은 그림일기를 쓴다. '전국 수학 일기 공모전'에서 상을 받은 친구도 있지만, 센터 내 열심히 썼던 아이들에게도 동기부여를 위해 상장을 수여했다. 일기에는 정답이 없다. 쓰기를 처음 시작하는 학생들이 생각을 정리하는 것을 연습하는 과정일 뿐이다. '글쓰기의 첫 경험이 수학 일기라는 것이 얼마나 멋진 일인가?' 그들의 쓰기 첫걸음을 응원한다.

 이번 학기부터 수업 내용의 중요 단어들을 필사하는 부교재를 나눠주었다. 국어 지문을 읽는 것과 수학 지문을 읽고 문제를 해결하는 것은 다르다. 국어 속 지문은 문맥의 흐름을 파악해서 푸는 것이고, 수학의 지문은 식으로 연결해서 문제를 풀고 과정은 서술할 수 있어야 한다. "차례대로", "모두 합하면", "~보다 많다.", "남은 것", "대칭", "뒤집기", "밀기". 수학 언어는 단순히 수학 기호만을 말하는 게 아니다. 어려운 수학 용어와 일상 단어들을 바둑판처럼 구분된 필사 노트에 또박또박 써 내려간다. 그렇게 한 줄 한 줄 쓰다 보면 뜻도 이해하고, 어느새 단어와도 가까워지기를 바란다.

"필사하면서 수학 용어나 위치 용어도 기억하게 돼서 좋네요."
"하루 만에 필사 교재 다 하려고 해서 한 주에 하나씩 하는 거라고 말렸어요."

학부모의 반응도 좋다. 물론 손에 힘이 없어서 글씨쓰기 힘든 친구도 있다. 글을 읽고 쓰는 학생에게는 필사 노트를, 선 긋기부터 하면서 손의 힘을 길러줄 아이에게는 선 긋기 노트를 주면서 독려한다.

글쓰기란 거창한 작업이 아니다. 하루를 돌아보는 짧은 메모, 마음을 담은 문장, 좋아하는 문구를 베껴 쓰는 일도 훌륭한 글쓰기다. 그래서 처음 수학 일기를 쓰는 친구들에게는 수업 시간에 배운 핵심 내용을 필사해도 좋다고 했다. 처음 한글을 배워 삐뚤삐뚤한 글씨로 필사한 친구들의 노력을 보면 손뼉 쳐주고 싶다. '읽고 쓰는 삶'을 이제 시작한 아이들이 오래도록 자신의 방식으로 글을 통해 삶을 곱씹고, 기록하기를 바란다. 경험해 보고 좋은 것은 함께 나눠야 직성이 풀린다. 학생들도 나와 같은 성장을 경험해 보길 원하는 마음에 쓰기의 중요성에 대해서 강조한다.

읽고 쓰는 일은 여전히 하루의 끝에 놓여 있다. 피곤한 날은 한 줄만, 때로는 단어 하나만 적기도 하지만, 그 조각들이 모여 삶을 지탱한다. 삶을 되돌아보고, 사람을 이해하고, 속마음을 다듬는 과정에서 좋은 어른, 좋은 선생님이 되고 싶어졌다. 기록하며 살아가는 사람이 되고 싶어서 오늘도, 내 자리에서 작은 글을 쓴다.

매일 밤 아이들의
눈빛을 기록한다

  수업을 마치고 교실 불이 꺼지면 그날의 일들이 떠오른다. 빈 교실에서 아이들의 흔적을 하나하나 되짚어 보며 메시지를 띄운다. 매 수업 후 즐거웠던 활동을 담은 사진과 브리핑 내용을 학부모들에게 보낸다. 매일 밤, 다시 아이들의 눈빛을 마주하는 이유이다. 그날 수업했던 사진들을 보면서 생각한다. 오늘은 누가 가장 먼저 손을 들었는지, 누가 어느 순간 눈을 반짝였는지, 그리고 누가 작은 용기를 내어 "몰라요."라고 말했는지…. 나에게 브리핑과 사진은 아이들의 성장이 스며 있는 이야기이다.

사고력 수학을 가르친다는 것은 공식을 익히게 하거나 문제 풀이 요령을 알려주는 것이 아니다. 스스로 생각하고, 그 생각의 길을 따라가며 실수를 통해 다시 일어서는 법을 배우도록 돕는 일이다. 때로는 문제 하나를 두고 즐거운 토론을 이어가기도 하고, 엉뚱한 질문들로 새로운 방향으로 가기도 한다. 그 모든 순간에 함께 할 수 있어 감사하고, 배움에 진지한 그들이 사랑스럽다. 작은 손으로 문제 푸는 모습, 교구로 직접 문제를 해결하는 모습, 정답을 맞히고 기뻐하는 찰나의 표정, 모든 것을 담아 짧은 메시지를 보낸다.

　우리 학원은 학생들이 첫 수학학원으로 오는 경우가 많다. 첫 수학의 기억이 평생을 간다는 생각에 더 사명감을 가지고 즐거운 수학을 경험시켜 주고자 한다. 긍정적인 수학 정서가 향후 학습의 방향을 좌우하기 때문이다. 교구를 활용한 사고력 수학을 가르치면서 사진을 찍는 것이 쉬운 일은 아니다. 그리고 퇴근하고 그것들을 정리하며 보내는 일도 마찬가지이다. 그렇지만 학원 개업 이후 지금까지 사진과 브리핑은 모두 카카오톡 채널로 보내고 있다. 선생님들도 처음엔 힘들어했지만, 지금은 다들 잘 따라와 주고 있어서 감사하다.

　내가 육아할 때 좋았던 부분은 학원을 운영하면서 실천하려고 한다. 학교나 학원에서 아이의 모습을 담은 사진을 받을 때 감동했다. 내가 보지 못하는 그 순간을 담아 보내 주는 그들이 고마웠다. 그 마음을 다른 학부모들도 느끼길 바랐다. 내가 보내는 메시지는 학원 정보에 대한 알림이 아니다. "오늘 이런 생각을 했어요!", "이런 과정을 통해 조금 더 자랐어요."라고 전하고 싶은 원장의 마음이다. 그리고 배운 내용을 집에서 어떻게 연계해 주면 좋은지 같이 보낸다. 집에서 어떻게 해줄지 묻는 학부모를 위한 배려이다. 바쁜 일상에서 이야기 나눌 시간이 부족한 부모가 많은데, 우리 학원에 왔을 때 일어나는 작은 변화를 꼭 알리고 싶었다.

　"원장님, 오늘 너무 재밌었다고 얘기했어요."
　"요즘 바빠서 이야기할 시간도 없었는데 사진 보고 울컥했어요."

　어떤 날 학부모의 감사 메시지를 받을 때면, 그날의 피로가 사라진다. 아이의 성장에는 어른들의 믿음과 기다림이 필요하다. 문제를 틀렸을 때 "왜 틀렸니?"가 아닌, "어떻게 생각했니?"라고 물어주는 어른. 정답이 아닌 생각의 흔적을 소중히 여겨주는 어른. 그래서 우리 학원에서는 부모님과 함께 학습의 여정을 동행하고 싶었다. 우리가 함께 바라보면, 아이는 용감해지니까!

때론 사진 한 장이, 한 줄의 코멘트가 부모에게 위로가 되기도 한다. 나도 그랬듯이 그들에게도 수업 브리핑과 아이 사진이 힘든 일상에서 힐링 포인트가 되었으면 하는 바람이다.

"요즘 다른 학원은 가기 싫다고 하는데, 수학학원은 한 번도 그런 적 없는 이유를 표정 보니 알겠어요. 감사합니다."
"시험에 대한 부정적인 생각이 있었는데 요즘 긍정적으로 많이 변한 것 같아요. 감사합니다."

이런 학부모의 메시지를 받으면, 내가 선택한 이 길이 얼마나 따뜻한 길인지 깨닫는다. 진심으로 대하고 관리가 잘 되는 학원이라는 소문이 나서 먼 동네에서도 찾아오기 시작했다. 근처에도 다른 학원이 있는데 먼 거리를 왕복하면 힘들지 않냐고 물어도 웃으며 이곳이 좋다며 계속 다닌다. '진심은 결국 통하는 것일까?' 하지만 아직도 멀리서 오는 학생과 학부모를 보면 괜찮은지 걱정되는 마음이다.

성취도평가를 보고 난 후, 결과가 어떻든 모든 학생이 상을 받는다. 지난번 평가보다 성적이 떨어진 친구는 '도전 왕', 성적이 오른 친구는 '성장 왕', 백 점인 친구는 '수학 왕' 트로피를 받는다. 모두 상을 받고 선생님들은 시험을 위해 노력한 그들을 격려한다. 시험공포증이 있던 친구들도 점차 '노력해서 다음에 더 잘 보면 되지.' 하며 정서적 안정감을 찾는다. 상을 받은 순간도 사진으로 기록해서 메시지를 보낸다.

새로운 시도로 책과 가까워지길 원하는 마음에서 독서 관리 프로그램을 도입했다. 수학도 문해력이 기본이다. 아이들이 수업 중 가장 자주 하는 말은 "선생님, 무슨 말인지 모르겠어요."이다. 사고력 수학에서 문제의 의도 파악조차도 학생들에게는 쉬운 일이 아니다. 그래서 도서관에서 책을 읽고, 북 퀴즈를 풀고 생각 일기를 남길 수 있는 독서 관리 프로그램을 하고 있다. 열심히 책을 읽고 포인트를 쌓아가는 친구도 있다. 아직은 생각한 만큼의 참여율을 보이지 않지만, 꾸준히 한다면 아이들의 문해력을 높이는 데 많은 도움을 줄 수 있다고 확신한다. 스스로 자신의 독서 기록을 볼 수 있고, 독서 편식도 막을 수 있으며, 어렸을 때부터 독서 습관을 형성할 수 있는 프로그램이라 마음에 들었다.

독서 관리 프로그램을 시작한 후 매월 다독상을 수여한다. 1위는 도서 상품권을 증정하고, 3위까지는 장난감 뽑기 기계를 할 수 있는 코인을 증정한다. 책을 전보다 더 읽으려고 하는 의지가 보인다. 먼저 도서관에 가자고 한다는 이야기를 들을 때면 '역시 시작하길 잘했구나!' 하는 생각이 든다. 문해력도 향상되고 책을 사랑하는 아이들로 자라난다면 독서 프로그램을 도입한 목적은 이룬 셈이다.

작은 기록들이 언젠가 학생들이 자라 어른이 되었을 때, "아, 나를 믿어주던 어른이 있었지."라고 떠올릴 수 있는 기억이 되었으면 좋겠다. 믿음 속에서 자란 친구들이 다른 누군가에게 따뜻한 시선을 건넬 수 있기를 바란다. 사고력 수학을 가르치며, 수학을 통해 생각하는 힘을 기르고 있지만, 생각의 끝에 언제나 '사람'이 있다는 것을 잊지 않는다. 수학보다 중요한 건 과정을 함께하는 마음이다. 오늘도 학생들은 생각했고, 나는 기록했다. 그리고 그 이야기를 전하며 '우리 아이의 하루를 함께 읽어주세요.' 이야기한다. 그 속엔, 수학보다 더 큰 이야기가 담겨 있다.

나에게 띄우는 성장 편지

To. 16년 후의 나

32년 전 남긴 육아 일기 맘스다이어리에 이어, 16년 전 너는 두 번째 공저 책을 쓰고 있다. 지금보다 더 많은 흰머리에 몸도 예전처럼 가볍지 않을 테지만 마음만은 교실의 아이들처럼 반짝이고 있기를 바란다.

수학 문제를 읽지 못해 힘들어하던 아이, 긴 풀이 과정을 해내고 밝게 웃던 아이, 드디어 100점 받았다고 자랑스러워하던 아이, 그들과 함께 한 추억들이 더 많이 쌓였겠지? 그 순간들이야말로 교사로 살아온 이유이자 보람이었다. 지치고 힘들어서 흔들리는 날이 오더라도 교실 속 작은 목소리 하나가 네게 길을 비춰주기를…. 그날의 너도 지금의 나처럼 아이들과 함께 읽고 쓰며 수학으로 꿈을 그려가고 있기를 진심으로 기원한다.

5장

글이 건넨 치유,
내가 찾은 완성

김현정

책은 나와 세상을 잇는 운명의 빨간 줄이었다. 그 끈을 따라 정착한 교실을 풍성한 배움의 장으로 만들기 위해 논문을 썼고, TESOL, 독서미술지도사 자격증을 취득했다. 현재는 한국어 교원, 독서논술지도사, 다문화사회전문가 과정을 이수하며 내일을 리모델링하고 있다. 나의 교실에 온 모두가 가장 자신다운 자리에서 반짝이도록, 그들의 든든한 안내자가 될 것을 약속한다.

이방인 독자의 고백

나는 교실 속 이방인이었다. 학창 시절 내내 '특이하다.'라는 말을 들었다. 퍽 좋았다. 혼자 튀어서 불편하다는 친구들의 속뜻을 이해하지 못하고, 다름의 뿌듯함에 취해 그 색을 더욱 드러냈다. 싫고 좋음을 말하는 데 망설임이 없었다. 토론과 주장 글을 쓰는 날은 나의 날이었다. 내 의견이 얼마나 다른지 여과 없이 떠들었고, 그 열띤 태도가 일상 대화에도 이어졌다. 자칭 나의 장기는 타인에게 상처가 됐다. "쟤가 나를 서운하게 했어."라고 말하는 친구에게 "나는 모르겠는데? 네가 그럴 만하게 했어." 딱 잘라 말하고 그 이유까지 덧붙였다. 나의 과한 솔직함이 문제였다.

부족함을 채우고 나은 삶을 가꾸려는 노력은 자연스레 '사람 탐구'로 이어졌다. 청소년기부터 사람을 분석한 책을 찾아 읽었다. 책에서 답을 찾겠다는 행동을 대견하게 여긴 적도 있다. 사실 고민을 나눌 친구가 없어, 어쩔 수 없이 택한 방법이었을지도 모른다. 소문과 오해가 난무하는 시끄러운 현실과 달리, 도서관은 언제나 고요했고 동네 서점은 한산했다. 누구의 시선도 의식할 필요 없이 이 칸 저 칸을 둘러보며 마음에 드는 책을 만지작거렸다. 책은 말이 없었고, 나를 있는 그대로 받아들였다. 서로 다른 생각들이 공존하는 나만의 '지상낙원'이었다. 오래된 기록부터 현대의 이야기까지, 책이 가득한 그곳은 시공간을 초월한 거대한 '사람'처럼 다가왔다. 책은 나의 심리 상담 선생님이자 과외 선생님이었고, 어디로든 보내 주는 전용기였다.

누군가 나의 독서 태도를 보고 "지식만을 탐하시는군요."라고 했다. '-만'이라는 한정사는 비난이 아니었지만 듣기 좋지 않았다. 그래서 얼마 전까지도 "선생님은 독서를 좋아하시죠?" 질문에 손사래를 치며 "아니요. 저는 문제집 푸는 걸 좋아해요."라고 답하곤 했다. 사실 가방엔 늘 책 한 권이,

스마트폰에는 전자책이 있었다. 틈나는 대로 뭔가를 검색하고 읽는 건 나의 작은 비밀이었다. 하지만 첫 장부터 맨 끝 장까지 완주하는 일이 드물었기에, '독서'라는 단어 앞에 떳떳하지 못했다.

지난달, 책꽂이에서 오래된 책을 발견했다. 좋아하던 남학생의 추천서였다. 관심 도서는 아니었지만, 그의 생각이 궁금해 동네 서점에서 데려왔다. 책은 그 독자를 닮았다. 종류도, 양도 훨씬 많으니 요즘 유행하는 MBTI보다 더 정확할 수도 있다. 그날도 그 책 덕분에 그의 시선으로 세상을 볼 수 있었다. 책 한 권으로 공통된 경험이 생겼고, 그 뒤로 책과 영화를 공유하며 우리는 우정을 쌓았다.

지금은 없어진 동네 서점에서 이 책, 저 책의 제목을 읽고, 미술관에서 그림을 보듯 표지를 구경했다. 표지가 예뻐 만지작거리다 지갑 잔액을 보고 내려놓은 적도 있다. 제목이 어여뻐 서점에 갈 때마다 그 자리를 찾던 기억이 생생하다. 한번 마음에 든 작가가 생기면, '도장 깨기'를 하듯 그의 작품을 모두 훑었다. 크리스티앙 자크의 이집트 역사 소설에 빠졌을 때가 그랬다. 그의 모든 책을 찾아 읽었고, 신혼여행을 이집트로 가고 싶을 만큼 빠져 혼자 상형문자를 공부했다. '아는 만큼 보인다.'라는 인생 진리처럼, 이왕 멀리 가는 거 많이 보고 싶었다. 굵직한 기억 사이에 있던 희미하고 귀여운 기억이다.

한참 기억 조각들을 켜 보다가, 나 자신을 '책 읽기를 즐기는 사람'으로 인정해 주기로 했다. 『삼국지』 같은 긴 서사나 연대기 같은 역사를 단숨에 읽어내는 굵직한 독자는 아니다. 하지만 나와 같은 소소한 독자도 독자가 아니겠는가? 나를 포함해 많은 사람이 '독서를 즐기는 사람'에 대한 진입장벽을 너무 높게 설정해 놓은 건 아닐까? 모든 사람이 존중받아야 하는 것처럼, 내 삶을 움직인 작은 글귀 하나라도 그 읽기 활동은 존중받아야 한다. 오늘 무언가를 읽고, 마음이 움직였다면, 행동했다면, 그 누군가는 이미 읽기를 즐기고 있다.

길가의 간판일지라도!

세상을 흥미롭게 만드는 글

답을 찾으려 책을 펴면 아이러니하게도 다른 질문이 생긴다. 꼬리를 무는 질문에 다시 책을 찾는, 끝없는 배움의 골짜기에 놓인다. 그 속에서 읽기란 단순한 의견 전달을 넘어, 배려와 이해가 필요한 소통임을 깨닫는다. 많은 사람의 마음을 이해하고자 작가들의 생각을 파고들었다. 책은 복잡한 세상을 풀어내는 지혜로운 해결책이었다.

읽어온 책들은 단순 흥미나 지식이 아닌 무의식의 중요한 기록일 수 있다. 유년기 기억에 남는 책들을 연대기 순으로 나열해 보니 『폭풍의 언덕』, 『양들의 침묵』, 『냉정과 열정 사이』 정도다. 마치 그때의 나를 대신 말해주듯 내 생각과 닮아 있다. 그렇다면, 이 소설들은 내게 무엇이었을까?

영국 북부 거칠고 황량한 언덕이 배경인 『폭풍의 언덕』. 에밀리 브론테의 소설은 해설 본과 원서를 읽어도 어려웠다. 영상으로 보면 쉬울까 싶어 1939년에 개봉한 영화를 찾아봤지만, 여전히 난해했다. 그런데도 이 책은 늘 마음속에 남아 있었다. 그 본질이 잡히지 않는데도 감명 깊었다는 사실이 스스로 난감할 정도였다. 쉽게 읽히지 않는 책을 몇 년마다 다시 보는 습관이 있다. '아직 어려서 이해가 안 되나 보다.' 하고 1년 뒤, 5년 뒤 책을 다시 펼쳤다. 다른 책들은 몇 번의 시도 끝에 작가의 의도를 마주했지만, 『폭풍의 언덕』은 십수 년이 지나도 그 제목처럼 늘 폭풍의 언덕 위에 있는 듯했다.

특히 캐서린의 외침, "내가 히스클리프다!"는 항상 큰 물음표였다. 왜 자신이 아닌데 자신이라 했을까? 이게 어떻게 사랑 고백이 될 수 있을까? 작품 전부를 아직 다 이해하진 못한다. 하지만 이제는 왜 이 책을 오랫동안 마음에 두었는지 그 이유를 알 것 같다. 어쩌면 온몸을 불태울 듯한 뜨거운 사랑이 부러웠는지 모른다. 나는 실제 그런 사랑과는 거리가 멀었다. 타인에게 짐이 될까 몹시 두려웠다. 사랑은 쉽게 집착이나 부담으로 변한다는 걸 알았기에, 혹여 마음이 잘못 전달될까 쉽사리 다가가지 않았다. 연인이든 친구든 모든 관계가 그랬다. 안전한 울타리 속 안정을 택했다. 이 책은 어쩌면 내가 감히 꿈꿨지만, 결코 살아내지 못할 사랑의 모습을 담고 있었기에 그토록 오랫동안 나를 붙들고 있었던 게 아닐까.

책들 속 사랑은 저마다 다르다. 여러 가지 사랑을 이해하고 싶은 마음은 토머스 해리스의 『양들의 침묵』 속 위험한 감정까지도 외면하지 않게 했다. 많은 이들이 작품 속 한니발 렉터 박사의 무서운 매력과 똑똑함을 주목했지만, 정작 내 마음을 사로잡은 건 그를 대하는 클라리스 스탈링의 모습이었다. 나는 감히 클라리스가 렉터 박사를 사랑했다고 생각한다.

무서움, 존경, 심리적인 기대, 어쩌면 불쌍한 마음마저 뒤

섞인 지극히 뒤틀린 형태의 감정일 거다. 하지만 끔찍한 살인마 앞에서 자신의 아픈 기억을 꺼내 보이며 사건을 풀 방법을 얻으려는 모습은, 내겐 솔직함이었고 용감함이었다. 렉터 박사와 솔직하게 마주하기 위해 자기 자신을 대가로 내놓았다. 그들의 마지막 편지 속 렉터 박사의 한마디가 오래도록 잊히지 않는다.

"당신이 살아 있는 세상이 내게는 훨씬 흥미로우니까."

오래된 집을 리모델링하는 일은 섭섭하면서도 설레는 일이다. 타인의 통찰을 통해 나의 내면이 재건되는 일 또한 그러하다. 클라리스의 존재만으로 렉터 박사는 마음의 창문을 하나 더 갖게 되었을 것이다. 렉터 박사와 클라리스는 서로의 삶을 대화로 공유하고 경험했다. 소통은 인간의 다양한 감정과 본능을 이해하는 가장 순수한 방법이다.

마음의 단어로 교실 열기

읽고 쓰기는 나의 불통과 불안을 극복하게 하고 세상을 확장하는 미학을 선물했다.

불통 극복

마음 전하는 일이 어려웠다. 누군가의 걱정에 허울뿐인 공감보다 이성적인 해결책 제시를 미덕이자 진심이라 믿었다. 실질적인 도움을 위해 밤새 자료를 찾기도 했다. 그러나 말을 통해 남의 마음을 얻는 일은 실패가 더 많았다. 조언의 본질이 닿기 전에 감정이 먼저 상했기 때문이다. 문제 해결을 위한 원인을 찾는 건 당연한데, 감추고 싶던 일을 들춰내자 듣는 이가 마음이 상했다. 닫힌 마음엔 어떤 좋은 조언도 들어가지 못한다. 고민을 들고 늘 그렇듯 책을 찾아 폈다.

작가는 생각을 단어 하나하나에 담아, 글의 흐름으로 독자의 마음을 움직였다. 나의 마음을 전달하는 말의 모양과 순서가 잘못되었음을 깨달았다. 읽고 쓰는 행위의 본질 중 하나는 '설득'이다. 작가가 독자를 설득하듯, 의도를 바르게 전달하고 싶었다. 내게 맞는 톤을 찾는 일을 시작했다. 같은 옷도 누가 입느냐에 따라 달라진다. 글과 말의 무게도 마찬가지다. 나와 맞는 온도의 쓰기와 말하기를 찾기 위해 양팔저울에 추를 놓듯, 조금씩 다른 단어를 사용하며, 주변 반응을 살폈다. 불통의 역할은 10대의 추억으로 족했다.

고민이 한창일 때, 대학 입학 오리엔테이션 버스에서 운 좋게 성격 좋고 인기 많은 언니를 만났다. 언니는 조약돌 같은 사람이었다. 튀지 않았지만, 주변 사람들은 항상 그녀를 찾았다. 얼굴도 마음도 말투도 모난 구석이 없었다. '아니.'라는 말을 직접 하지 않지만, 예스맨도 아니었다. 자신만의 부

드러움으로 선을 긋고 거절하는 방식이 정중하고 따뜻해 누구도 기분 나빠하지 않았다. 그런 언니를 쫓아다니며 언니가 참여하는 거의 모든 모임에 참여했다. 나와는 전혀 관계없는 모임도 있었지만, 시간을 쪼개고 개인 일정을 옮겨가며 따라다녔다. 높은 출석률에 의아해하는 사람들도 많았다. 하지만 내게 그 모임들은 소통과 사람 간의 거리를 관찰하고, 언변을 연습할 중요한 기회였다. 학교생활 내내 크고 작은 일들을 많이도 도와준 언니는 내게 잊지 못할 귀인이다.

노력 끝에 꽤 괜찮은 톤을 찾았다. 내가 추구하는 언어의 미는 아니었다. 가볍고 재치 있는 톤을 갖고 싶었다. 하지만 그것은 내 것이 아니었다. 친한 선생님 P는 수업 중 "너 오늘 왜 이렇게 비호감이야?" 같은 가벼운 농담이나 "너, 이 씨." 같은 비속어를 썼다. 그러나 그의 언행은 모두 유쾌한 유머로 받아들여져 문제가 된 적이 없었다. 만약 내가 그랬다면? 단언컨대 그날은 학부모님과의 전화 상담으로 바빴을 것이고, 언짢은 얼굴로 학원에 찾아오지 않으셨다면 다행이었을 것이다. 개인 취향보다는 바르게 전달되는지가 먼저다.

불안 극복

나는 일어나지 않은 일까지 걱정하는 '전문 고민인'이다. 불안이 나를 다 먹어 치울 때쯤, 펜을 들어 고민을 나열하기 시작했다. 막연한 두려움으로 부풀어 있던 걱정들이, 막상 글로 보니 한결 작아 보였다. 많게는 10분의 1로 줄어들었다.

학원 강사로 일하며 항상 말을 조심했지만, 분위기에 휩쓸려 실수할 때가 있다. 그럴 때면 여지없이 펜을 들어 적기 시작한다. 문제와 실수를 적고 스스로의 꾸짖음을 적고 앞으로의 계획을 적고 나면 실수는 배움이란 단어로 변해있다. 부족함을 마주하고 바로 고쳐나가는 것이 다음 실수를 막는 가장 빠른 방법이다. 글을 쓰고 읽는 순간은 나를 들여다보는 명상이다. 펜을 들고 복잡한 생각들을 글로 풀어낼 때, 감정의 실체를 볼 수 있게 된다. 숨기고 싶었던 내 안의 그림자, 외면했던 마음까지도 보여주는 거울인 셈이다.

세상의 확장

나는 아이들에게 늘 "나는 아직 선생님이 아니다."라고 말한다. 진정한 선생님은 먼 훗날 학생이 나를 떠올릴 때 완성된다고 믿기 때문이다. 학생들을 위하는 선생님이 되고 싶어 억지로 잘 보이려 하기보다, 그들을 이해하고 사랑하는 마음의 폭을 넓히려고 애쓴다. 그리고 내 톤으로 나만이 할 수 있는 위로를 찾아 열심히 읽고 쓴다.

나와 다른 한 사람을 이해하고 사랑할 때, 나의 세상은 그만큼 넓어진다. 나의 존재만으로 사람들이 편안함을 느끼고 쉴 수 있다면 그것으로 충분하다. 물론 꿈같은 이야기다. 하지만 꿈은 더 나은 나를 만나기 위한 필수다. 그 꿈을 다 이루지 못해도 괜찮다. 노력하는 과정에서 어제의 나보다 꿈에 한 걸음 더 다가선 채 삶을 마칠 것이기 때문이다. 읽고 쓰기를 통해 배우고 실천하는 내 삶의 방식이다.

감정 일기,
나를 읽는 기상청

 해마다 사춘기 학생들에게 일과가 아닌 감정을 자세히 쓰는 '감정 일기 쓰기'를 추천한다. 감정을 객관적으로 인지하는 것이 성숙의 첫걸음이기 때문이다. 나는 오랫동안 일기를 썼다. 초등학교 고학년 이후 일기 검사가 없어진 뒤, 누가 볼까 봐 주어를 빼고 모호한 말들로 비밀일기 쓰기를 시작했다. 내 글에 유독 추상명사가 많은 이유가 이 때문일까. 역시 습관은 무섭다.

 2000년대 '싸이월드' 열풍이 불었다. 모두가 인터넷으로 소통하는 동안 나는 비공개 일기장으로 홀로 소통했다. 사람들과 이야기하고 싶고 인기도 얻고 싶었다. 하지만 도통 농담을 구분하지 못하는 '진지충'이던 나는 어울리려 할수록 어수룩함만 마주할 뿐이었다. 말과 정보가 점점 가벼워지는 세상에, 여전히 무거운 존재였다.

꾸준함은 나의 특기였다. 시간 가는 줄 모르고 몇 년 동안 묵묵히 기록했다. 몇 년 뒤, 싸이월드 일기장에 매년 같은 날짜 기록을 보여주는 '히스토리' 기능이 생겼다. 해마다 같은 날이면 비슷한 감정의 파도에 휩쓸렸다는 충격적인 사실을 발견했다.

봄이면 외로움에, 여름에는 평온에, 겨울에는 용기에 물들어 가는 감정 패턴이었다. 감정 기복을 감당하기 힘든 날도 있었다. 하지만 그 패턴이 계절 변화에서 시작될 수 있다는 깨달음은 일상의 큰 변화를 가져왔다. 다년간의 데이터를 토대로 봄에는 긍정적 태도를 유지하고 불필요한 만남을 피했다. 덕분에 평온한 여름을 즐기고, 겨울에는 다음 해를 위한 건설적인 계획을 세웠다.

그 후로 우울하거나 외로우면, 혹은 주체할 수 없이 기분이 좋으면 어김없이 싸이월드 일기장을 열었다. 지난 기록을 읽고 나면 이해의 스위치가 켜지듯 마음이 차분해지고 평온을 되찾았다. 보이지 않는 감정을 글로 마주하며 나를 깊이 이해하고 받아들였다. 덕분에 미숙함에서 벗어나, 한 뼘 성숙한 어른으로 나아가는 발판을 마련했다.

기록은 감정 조절 도구에만 머물지 않았다. 영원히 기억할 거라 믿었던 내 어린 모습은 시간이 흐르며 흐려지고 뒤섞였다. 하지만 과거의 내가 꾸준히 쌓아둔 기록 덕에, 나는 마치 애니메이션 〈인사이드 아웃〉처럼 원하는 날짜의 기억 구슬을 꺼내 볼 수 있는, '평생 기억 여행권'을 손에 쥐었다. 어린 시절 빛나는 순간의 가치를, 내가 만나는 학생들과 세상 모든 어린 친구들이 깨닫기를 진심으로 바란다.

감정 일기 쓰기는 개인의 성숙을 넘어, 교실과 학생을 이해하는 능력으로 확장되었다. 학원장으로서 학생들의 감정 기복이 '단순히 공부하기 싫어서'가 아님을 안다. 시험 전 불안 패턴, 특정 계절 학습 효율 저하 등을 데이터로 읽어낸다. 이 통찰을 바탕으로 학생의 감정 패턴을 함께 기록하며 고민한다. 감정의 파도에 휩쓸리지 않도록 공감과 소통을 통해 스스로 '감정 기상청'이 되는 길을 찾는다. 읽고 쓰는 행위가 자기 이해를 넘어, 변수투성이인 배움의 길 위 등대가 되는 것이다.

어디선가 읽은 '화가 아내를 둔 남편의 이야기'가 생각난다. "어릴 적엔 누구나 그림을 그려요. 나는 그저 그 일을 멈추지 않았을 뿐이고, 다른 사람들은 멈춘 것일 뿐이죠."라는 아내의 대답은 짧지만 강한 울림을 주었다. 많은 이들이 자신을 표현하는 연습을 멈춘 채, 표현에 서툰 어른으로 자란다. 솔직히 자기표현의 중요성을 이야기하는 나조차 남의 평가가 두려워 블로그 운영이나 학원 홍보를 망설이는 것이 현실이다. 하지만 아이들에게 본보기가 되고, 나에게 떳떳하고자, 학생들과 책을 펴내는 꿈을 꾼다.

그 꿈은 미디어에 익숙한 세대에게 기록이 이미지나 동영상이 전부가 아님을 보여주는 일이다. 영상의 장면을 다듬듯 단어 하나하나를 고르는 기쁨을 선물하고 싶다. 바쁜 현대 사회에서 빠른 콘텐츠에 끊임없이 자극을 강요당하고 있지만, 나는 자극이 주는 즐거움보다 진짜 나다움이 주는 조용한 평화가 더 소중하다는 걸 경험으로 배웠다.

자신을 아끼는 가장 지혜로운 방법은 '나의 사용 설명서'를 써 내려가는 것임을 안다. 나를 읽고 쓰는 습관은 결국 삶의 모든 영역에 활용 가능한 가장 실질적인 자산이 될 것이다.

그리고 학원장이자 교육자로서, 그 자산을 불리는 최적의 장소가 나의 교실이 되기를 소망한다.

경영서에서 찾은 뜻밖의 지혜

"입시 끝나고 뭐할 거니? 뭐 없으면 여기서 알바할래?" 고등학교 때 영어학원 선생님의 제안으로 시작된 첫 아르바이트는 평생의 적성이 되었다. 덕분에 사람들은 내가 처음부터 교육학을 공부했을 거라 생각한다. 하지만 중학교 시절까지 미국 유학을 꿈꾸며 영어 공부에 매달렸고, 고등학교 때는 미술 학도를 꿈꾸다 좌절했다. 그렇게 울며 겨자 먹기로 한국에서 경영학을 공부했다. 길 잃은 내게 뭘 해도 필요한 지식이라 생각해서 한 선택이었다.

매번 길을 잃는 것이 서글프고 시간 낭비처럼 느껴졌다.

하지만 지금은 그 모든 노력과 결핍 덕분에 얻은 경험들을 학생들에게 전해줄 수 있어 감사한다. 노력이 헛되거나 신의 벌이라 생각한 적도 많았지만, 돌아보면 모든 구간이 신의 한 수였다.

덕분에 계획에도 없던 경영서와 성공 사례를 많이도 읽었다. 가르침이 적성인 나는 경영서 속 금전적 이치나 덕목보다 선생님의 자질을 배웠다. 교실 경영의 핵심은 '인재 발굴'이다. 인재를 알아보고 빛이 날 자리에 위치시키는 일은 기업뿐 아니라 교실에서도 중요하다. 아이들은 모두 보석이다. 돌과 보석은 한 끗 차이다. 편견 없는 관찰과 끊임없는 믿음으로 알아봐 주기만 한다면 모두 보석이 될 수 있다. 학생의 숨은 보석을 발견하는 것은 바른 소통, 즉 '좋은 말'에서 시작된다.

잘 듣고, 깊이 이해하고, 분명하게 말하는 소통은 학원 성공의 핵심이다. 학원장은 여러 역할을 바꿔가며 사람들을 만난다. 나는 학생과 학부모님을 고객이라고 부른다. 이 말이 차갑게 들릴 수 있지만, 내게는 잊지 말아야 할 중요한 약속이다. 교육은 결과보다 과정의 신뢰가 중요한 서비스다. '고객'이라는 말 속에는, 어떤 상황에서도 존중과 책임을 다하겠다는 단단한 다짐이 담겨 있다. 감정대로 학생과 학부모님을 함부로 대하지 않겠다는 약속이다.

그렇다면 좋은 말은 어디서 배울까? '좋은 말을 많이 들어야 좋은 말을 쓴다.'고 믿는다. 어릴 적 부족했을지 모를 좋은 말과 글은 꾸준한 읽고 쓰는 연습을 통해 학습될 수 있다. 마치 손흥민 선수의 골처럼, 연습만이 생각을 말과 글로 자유롭게 옮기는 힘이 된다. 학원 운영도 마찬가지다. 매일 쓰는 짧은 문자 하나가 보이지 않는 교육의 가치를 나타내는 중요한 역할이 된다.

눈에 잘 보이지 않는 성취도를 시각적으로 보여주고 설득할 때 글쓰기가 더욱 중요하다. 이때 '읽기' 실력은 단순히 글자뿐 아니라 상황과 사람의 마음까지 읽어내는 것을 말한다. 학부모님과 상담을 할 때, 학원장은 대화 속에 숨은 진짜 속마음을 알아차려야 한다. 믿음이 생기기 전까지 잘 드러나지 않는 그 속마음을 말이다. 그간 배운 지혜로 숨은 것을 읽어내고, 할 수 있는 것과 없는 것을 분명히 말하며 적절한 진단과 해결책을 제시해야 한다.

한 학생의 성적이 몇 달째 같다는 학부모님의 말씀에 단순히 점수 대신 오답 분석을 제공한 적이 있다. 같은 문제를 틀렸더라도, 다섯 개 보기 중 세 개를 소거하며 정답에 가까워지고 있음을 보여드렸다. 성장이 눈에 보이지 않아 초조했을 학부모님께 학생이 매일 쌓아 올린 미세한 노력을 함께 전달했다. 학부모님은 자녀의 내적 성장을 이해했고, 그 인정 덕분에 학생은 더 신나게 공부하게 되었다.

읽고 쓰기는 작가나 문학을 공부한 사람만의 것이 아니다. 생각과 마음을 전하려는 욕구는 인류의 시작과 함께했다. 글쓰기는 누구나 해야 할 평생 숙제다. 나에게는 가족, 친구, 동료, 학부모와 학생들이 있고, 모두 각자의 '독자'가 있다. 이들에게 좋은 영향을 주는 것이 우리 역할이다. 나는 감사하는 마음으로 더 따뜻하고 깊은 이야기를 전하기 위해 오늘도 읽고 쓰기를 연습한다.

나에게 띄우는 성장 편지

To. 안녕, 일흔 살이 된 나

평안하게 잘 지내고 있어? 왠지 가장 먼저 우리 딸, 여름이가 생각나는 걸 보니 내가 정말 엄마가 되긴 되었나 봐. 철이 들어가는 것 같아 기쁘기도 하네. 바라던 대로 아직도 학원에서 일하고 있겠지? 70의 눈으로 바라보는 교실은 어떤 풍경일지, 많이 궁금해.

25년의 나는, 기억할지 모르겠지만, 형용사와 부사가 난무하는 글을 다듬으며 스스로에게 씌운 짐과 더함을 삭제하는 중이야. '삭제'의 미덕을 배우고 있는 거지. 평소라면 펴보지도 않을 책을 펴보는 내 모습이 낯설면서도 좋은 기회로 느껴지는 걸 보면, '덜어내기'를 위한 '더함'이야말로 성장의 아이러니인가 봐. 모순처럼 보이는 이 과정이 미래의 너에게 평안으로 돌아갈 거라 믿어. 훗날을 위해, 오늘의 나를 부지런히 다듬어 보려 해.

6장

작은 기록이 만든
큰 기적

한미은

2001년부터 학원강사로 활동하며 2008년 남편과 함께 '디플로마학원'을 설립해 현재까지 원장으로 일하고 있다. 교원자격증을 비롯해 독서지도사, 논술지도사, 보드게임지도사 자격을 보유하고 있으며, 학습자의 성장을 깊이 이해하기 위해 사회복지학과 심리학을 전공했다. 교육 현장에서 경험과 배움의 길을 글로 이어가며, 학생과 학부모에게 진심 어린 가치를 전하고 있다.

저서: 『마음의 조각을 모아서』(공저)

책장 사이에서 찾은 탈출구

 울릉도는 탁 트인 바다를 품고 있지만 때때로 숨 막힐 듯 좁게 느껴졌다. 지나가는 사람 대부분은 나의 이름과 하루를 안다. 이웃의 눈은 따뜻한 정이자, 끊임없는 관찰의 시선이다. 영화 〈트루먼 쇼〉가 떠오른다. 트루먼은 태어나자마자 거대한 세트장 안에서 인생 전부를 생중계 당한 채 살아간다. 친구도, 아내도, 이웃도 모두 연출된 배우이다. 이곳도 그랬다. 자유는 익숙함이라는 이름 아래 희미해지고, 선택은 은근한 기대와 간섭 속에서 흐릿해졌다. 말과 행동, 심지어 표정조차 누군가에게 읽히고 입에 오르내렸다. 탈출이란 단어가 종종 머릿속을 맴돌았다. 트루먼이 세트장 벽을 밀고 바깥세상으로 나아가듯, 감시와 정겨움이 뒤섞인 섬에서 벗어나 보고 싶었다.

학교 도서관이 첫 번째 탈출구였다. 탈출의 시작은 특별하거나 거창하지 않았다. 그저 점심시간에 도서 대출 도와주는 일을 맡아보지 않겠느냐는 담당 선생님의 권유에서 비롯되었다. "도움을 주면, 장학금이 나올 거야." 그 한마디에 마음이 움직였다. 넉넉하지 않은 집안 형편이라 작게나마 보탬이 될 수 있다면 기꺼이 해보고 싶었다. 선뜻 "하겠습니다." 대답한 건, 어쩌면 누군가 처음으로 건넨 선택지였기 때문일지도 모른다.

그렇게 도서관이라는 조용한 섬에 발을 들였다. 책과 책 사이를 오가며 대출 카드를 기록하고, 다시 제자리를 찾아 꽂는 반복적인 일. 단순한 의무로 시작됐지만, 그곳의 공기는 다른 무엇과도 비교할 수 없이 평온했다. 책장마다 줄지어 있는 책은 빨주노초파남보 색색의 옷을 입고 조용히 말을 걸어왔다. 시끄러운 바깥세상과 달리 도서관에서는 누구도 나를 들여다보지 않았다. 타인의 눈치를 보지 않아도 되었고, 어떤 역할도 기대받지 않았다. 단지 책장이 넘겨질 때마다 펼쳐지는 세계에 집중했다. 그렇게 책 속으로 천천히 스며들었다. 고요한 페이지 속에는 숨 쉴 틈이 있다는 것을 알게 되었다. 내 마음이 처음으로 편안히 내려앉을 수 있었던 곳이었다.

 도서 대출 업무는 반 친구와 둘이 맡았다. 드나드는 학생이 많지 않아 도서관은 종종 우리 둘만의 조용한 놀이터가 되었다. 처음엔 한가로운 시간이 반가웠다. 도서관 책을 모조리 읽어보자며 들뜬 마음으로 몇 권씩 꺼내 읽었다. 하지만 며칠 지나지 않아 흥미는 조금씩 식어갔다. 마침, 선생님이 새로운 책을 신청했고, 우리는 신간 서가를 둘러보며 계산해 봤다. 매일 한 권씩 읽는다고 해도 졸업할 때까지 다 읽기란 쉽지 않았다. 방법을 바꾸기로 했다. "제목만이라도 다 읽어보자!" 그 계획에 따라 한산한 틈을 타 책등을 따라가며 제목을 훑었다. 그마저도 며 날을 채우고 나니 싱거워졌다. 역시 책은 읽어야 한다는 결론에 도달한 건 그때였다. 친구가 장난스레 말했다.

"도서 카드에 이름 많이 적기 어때?"

 순간 조용하던 도서관이 작고 은밀한 경쟁의 장이 되었다. 책장 넘기는 손길이 분주해졌고, 읽지 않던 분야에도 손이 갔다. 소리 없는 아우성이었다. 낯선 제목과 어려운 문장 사이로 내 이름이 차곡차곡 새겨졌다. 도서 카드는 나만의 작은 발자국이었다. 누군가가 책을 빌릴 때 먼저 적힌 내 이름을 보게 되는 상상을 하니 괜스레 뿌듯했다. 책장 속에서 나를 발견한 듯한 기분이었다. 고요한 도서관은 오히려 가장 활기찼던 기억으로 남아 있다.

 그때 책을 가장 많이 읽었다. 스마트폰도, 유튜브도 없던 시절이라 학교 수업이 끝나면 책가방을 멘 채 도서관으로 향했다. 처음에는 단순한 내기였다. 누가 더 많은 책을 읽는지 확인하려고, 제목을 공책에 한 줄씩 적었다. 지금 돌이켜보면 참 유치하면서도 사랑스러운 경쟁이었다. 얇은 책을 하루에도 여러 권 펼쳐 들며 오직 숫자를 늘리는 데만 열중했었다. 이상하게도 시간이 갈수록 승패는 중요하지 않아졌다.

"이 책 웃기더라."
"이 장면에서 나 울 뻔했어."

이런 말이 오가기 시작하면서부터 어떤 이야기가 더 마음에 남았는지, 어떤 문장이 웃음을 자아냈는지가 더 중요해졌다. 서로의 책장을 넘겨보며 "이건 진짜 너도 읽어봐야 해."하던 순간들이 우리에게는 진짜 보상이었다. 내기에서 누가 이겼는지 정확히 기억나지 않는 걸 보니, 아마 내가 졌던 모양이다. 벌칙은 떡볶이와 순대를 사는 것이었다. 용돈은 바닥났지만 묘하게도 억울한 마음은 없었다. 웃고 떠들며 떡볶이 접시에 젓가락을 부딪치던 그 순간이 책보다 더 깊이 남았으니까.

도서관은 어른의 시선도 잔소리도 닿지 않는 나만의 은신처였다. 책상 아래로 발을 흔들며 몰래 킥킥 웃고, 친구와 속닥속닥 이야기 나누며 책을 주고받던 작은 우주였다. 그 안에서 우리는 서툴지만, 자신만의 세계를 만들어 가고 있었다. 가끔 도서관 냄새가 떠오른다. 눅눅한 종이 냄새, 햇살에 반쯤 바랜 책등들, 그리고 나지막한 웃음소리. 그 기억은 내게 한 가지 확신을 남겼다. 독서는 의무가 아니라 즐거움에서 시작할 때 가장 오래 이어진다는 사실이다. 책을 사랑하게 된 건 내기에서 비롯되었지만, 유치한 경쟁은 내 삶을 움직이는 깊은 습관으로 성장했다.

기억보다 믿는 건 기록이다

tvN 드라마 〈시그널〉(2016)은 과거에서 걸려 온 무전으로 연결된 형사들이 오래된 미제 사건을 파헤치는 이야기이다. 현실과 판타지를 절묘하게 엮어내며 큰 반향을 일으켰다. 특히 3회차가 인상 깊었다. 박해영 형사(이제훈 분)가 과거의 이재한 형사(조진웅 분)와 무전으로 소통하면서, 환청이 아닌 현실임을 깨닫고 혼란에 빠지는 장면이었다. 과거의 단서 하나하나가 현재에 영향을 미치며, 마침내 미제 사건을 해결한다.

"과거의 기록이 미래를 바꿉니다. 누군가 써 놓은 수사 일지가 그걸 증명했어요."

 이 대사는 드라마 주제를 잘 담고 있다. '과거와 현재의 연결', 그리고 '기록의 힘'이라는 메시지를 상징적으로 드러냈다. 짧은 대사 한마디가 시간이 흐른 뒤에도 오래도록 남는 울림이 있었다. 기록은 단지 과거의 흔적이 아닌, 미래를 바꾸는 씨앗이 될 수 있다. 그 강렬한 진실이 깊이 남았다.

 어떤 일은 시간이 흐르면서 금세 잊힌다. 순간의 감정도, 눈앞의 사실도, 심지어 굳게 다짐했던 의지마저도 세월 앞에서 점점 희미해진다. 마음 한편에 자리 잡았던 기억은 마치 먼지가 쌓이듯 흐릿해지고 결국 사라진다. 하지만 기록은 시간을 붙잡아 세우는 끈이자 끊임없이 흘러가는 시간 속에서 '내가 여기에 있었다.'라고 외치는 증거다. 기록은 단순한 저장을 넘어선다. 과거를 되짚어 보게 하고, 실수를 반복하지 않도록 경고하며, 경험과 지혜를 다음 세대로 잇는 다리 역할을 한다.

 일기장 한 줄, 수업 중 급히 적은 메모 한 장, 사건을 차분히 정리한 보고서까지, 그 어떤 기록도 헛된 것은 없다. 감정을 정리하고 머릿속 생각을 명확히 하며 어렴풋했던 기억도 다시 생생하게 되살린다. 기억은 시간이 지나면 사라지지만 기록은 남는다. 그 속에는 말하지 못했던 진심이, 때로는 지나쳐 버린 의미가 숨어 있다. 결국 기록은 자신을 이해하는 거울이자 세상을 다시 바라볼 수 있는 새로운 눈이다.

처음 학원을 운영할 때, 스스로 기억력이 꽤 좋은 사람이라고 믿었다. 학생의 이름은 물론이고, 어느 학교에 다니는지, 형제는 몇인지 줄줄 외웠다. 오래 다닌 학생의 전화번호까지도 자연스레 머리에 남았다. 그래서 상담 전화가 오면 별다른 기록 없이도 "아, ○○중 2학년 학생이구나." 하고 기억을 되살려 대처하곤 했다. 학원에 방문한 학부모님 목소리만 들어도 어느 학교, 몇 학년인지 알아차릴 수 있을 정도였다. '기억력 하나로도 충분하다.'라는 자신감에 차 있었다. 하지만 그 착각은 오래가지 않았다.

어느 날, 상담 전화를 받고 입학시험을 준비하던 중이었다. 내 기억에 중학교 3학년 학생이었고, 그에 맞춰 문제지를 인쇄해 두었다. 키도 크고 어른스러운 말투의 첫인상과 '3학년'이라는 잘못된 기억이 어울려 아무 의심 없이 자리를 안내했다. 테스트 시작 10분쯤 지났을까. 학생이 조심스럽게 손을 들더니, 작은 목소리로 말했다. "저…. 저는 중학교 1학년이에요." 순간 얼굴이 화끈 달아올랐다. 겉으로는 '키가 커서 그랬다.'라며 둘러댔지만, 속으로는 자만이 들통난 것 같아 부끄러웠다. 한참이나 문제지를 넘기지 못한 학생과 당황한 채 어색하게 웃던 학부모님 얼굴이 지금도 잊히지 않는다. 다행히도 학부모님은 너그러웠다. 그날 이후 '중요한 건 다시 확인하자.'라고 쓴 포스트잇을 책상 앞에 붙였다. 메모는 신뢰를 지키는 단단한 자물쇠임을 깨달았다.

그 일을 계기로 메모를 더 중요하게 여기게 됐다. 메모는 단순히 '잊지 않기 위해' 남기는 것이 아니다. 일을 정돈하고, 책임을 기록하며, 타인의 시간을 존중하는 방식이다. 기억은 흔들릴 수 있지만, 기록은 늘 제자리에 있다. 오늘도 상담 전화를 받으면 곧장 키보드를 두드린다. 이름, 학교, 학년, 상담 내용, 특이 사항까지 일목요연하게 정리한다. 과거에는 '기억력'이 나의 방패라고 생각했지만, 지금은 '기록'

이 나를 지켜주는 든든한 방패임을 안다. 기록은 실수를 줄이고, 혼선을 막고, 신뢰를 쌓는다. 특히 교육 현장처럼 사람과 사람이 만나는 곳에서는 신뢰가 무엇보다 중요하다.

성적은 안정적이었지만 진로 방향이 흐릿했던 한 학생이 상담을 요청해 왔다. 몇 해 전, 수업을 마친 뒤 짧게 남겨두었던 학생의 관심 분야와 수업 태도를 써둔 메모를 꺼냈다. 직접 찍어 선물해 준 달 사진과 함께 "별 관찰을 좋아하고 몰입도가 뛰어남. 천문학에 깊은 관심이 있음."이라는 기록이 있었다. 상담 자리에서 그 메모를 보여주자, 학생의 표정이 서서히 밝아졌다. 오래 잠들어 있던 열정이 다시 숨을 쉬는 듯 보였다. 이후 천문학 관련 학과를 목표로 세우고 계획을 차근차근 구체화했다. 무심히 적어두었던 한 줄이 결국 학생의 인생을 움직이는 불씨가 되었다. 기록이 미래를 바꾸는 씨앗이 된다는 걸 느낄 수 있었다.

오늘도 메모하며 더 나은 내가 되어가는 중이다. 누군가의 소중한 시간을 어설픈 준비로 낭비하지 않기 위해서다. 기억은 흐려지지만, 기록은 남는다. 하루에도 수십 번 마음으로 다짐한다. 한 줄의 메모가 하루를 바꾸고, 작은 습관 하나가 관계를 지킨다. 학생의 이름 옆에 '말수가 적지만 글쓰기를 좋아함.'이라고 적어둔 한 줄, 상담 후 남겨놓은 '부모님의 표정이 밝았음.'이라는 짧은 기록이 따뜻한 대화의 시작이 되고 신뢰의 기초가 되었다. 종종 메모한다는 사실만으로 안심이 된다. 메모는 바쁜 일상에서 흐려지는 감정도, 반복되는 일에 무뎌지는 마음도 조용히 붙들어 준다. 그 작은 기록이 없었다면 놓쳤을 소중한 순간이 나를 조금씩 단단하게 만든다.

감정이 소란할수록
글은 단단한 닻이 된다

 학원을 운영하다 보면 불쑥 예기치 않은 순간을 만난다. 애써 만든 커리큘럼이지만, 막상 학생들이 접하면 기대와는 다른 반응이 돌아오기도 한다. 꼼꼼하게 준비한 특강이었는데, 학부모의 표정에서 미묘한 불편함이 스쳤다. 이유를 묻기도 전에 "우리 아이에겐 너무 어렵게 느껴졌나 봐요."라는 말이 돌아왔다. 알차게 구성한 수업임에도 불만이 피어오를 때면 가슴이 철렁 내려앉는다. 어느 날 한 학생이 갑자기 수업을 그만두겠다는 연락을 해왔다. 늘 조용히 앉아 수업을 듣던 학생이었다. 아무런 징조 없이 사라지는 학생을 생각하며, 내가 놓친 신호는 무엇이었을까 수없이 되짚었다.

또 다른 날은 부모 상담 자리에서 "선생님 수업을 좋아하긴 하는데요….'로 시작하는 말이 이어졌다. "요즘 들어 진도가 빠른 것 같다고 해요. 성향상 질문하기가 쉽지 않다고 하더라고요." 뒤를 잇는 말이 어찌나 무겁게 들리던지 마음 한구석이 서늘해졌다. 이럴 때면 얼굴에선 웃고 있지만, 속은 한없이 무너진다.

말 한마디에 휘청이는 날이면 가장 먼저 종이 메모장을 편다. 보여주기 위한 글의 공간이 아니다. 오로지 나만을 위한 마음의 쓰레기통이자 피난처이다. 낙서하듯 사건의 흐름을 있는 그대로 써 내려간다. 누가 어떤 말을 했는지, 어떤 표정을 지었는지, 그 순간 내가 무슨 생각이 들었는지를. 순서도, 문법도 없다. 실망이 묻어나고, 억울함이 튀어나오고, 참기 힘든 분노도 터져 나온다. "왜 이런 일이 생긴 걸까?", "내가 뭘 놓쳤던 걸까?", "이건 정말 너무하잖아…." 혼잣말처럼 내뱉는 문장에 감정이 실린다. 마치 취사 완료를 외치는 밥솥에서 뜨거운 증기가 빠져나가듯 감정은 단어 사이를 흘러내리고, 격한 생각은 문장 안에 차분히 머물기 시작한다.

신기하게도 이렇게 쓰다 보면 마음이 조금씩 가라앉는다. 흩어졌던 생각이 하나둘 정리되고, 보이지 않던 실마리가 서서히 모습을 드러낸다. 처음엔 누군가를 탓하는 글이었다. 그러나 어느 순간 그 글은 나에게 묻는다. "그래서 너는 어떤 선택을 할 건데?" 감정을 정리하다 보면 방향도 잡힌다. 억울함과 분노 뒤에 숨어 있던 내 진짜 마음, 학생에게 실망을 안겨주고 싶지 않았던 간절함, 더 좋은 수업을 만들고 싶은 책임감. 그 마음을 다시 마주하게 된다.

말은 감정을 자극하지만, 글은 나를 멈추게 한다. 감정의 소용돌이 속에서 허우적대던 나는 조용히 나 자신을 바라본다. 마치 거센 바다 한가운데서 작은 배를 타고 노를 젓는 듯한 기분이다. 파도는 여전히 넘실거리지만, 노를 쥔 손에 힘이 들어간다. 파도가 잠잠해지면 방향이 보인다. 글 몇 줄이 문제를 곧바로 풀어주진 않지만, 문제를 바라보는 '내 마음'을 바꿔준다. 그렇게 평정심을 찾고 다시 한 걸음을 내디딜 수 있게 된다. 감정이 소란할수록 글은 나에게 더 단단한 닻이 된다.

나를 가장 괴롭힌 건 '상황'보다 위기 앞에서 주저앉고 흔들리는 '내 마음'이었다. 나는 너그럽고 여유로운 사람이라 믿어왔다. 글을 쓰며 알게 된 건 나는 생각보다 조급하고 쉽게 상처받는 사람이라는 사실이었다. 마치 거울 앞에 선 듯 내 안의 민낯이 글 속에 그대로 드러났다. 외면하고 싶었지만, 그럴 수 없었다. 내가 어떤 사람인지 숨길 수 없게 만들었다. 애써 가리고 덮어두려 했던 마음마저 문장 틈새로 스며 나와 결국 나를 마주하게 했다. 비로소 나를 정직하게 바라볼 수 있었다. 어떤 사람인지, 무엇에 화가 나는지, 어디서 다시 힘을 얻는지. 한 줄, 한 단어를 꿰매듯 적다 보면 흐릿했던 마음의 윤곽이 선명해졌다. 글은 나를 설명하는 도구가 아니라 나를 만들어 가는 과정이었다. 감정을 정리하고, 다시 마음을 다잡고, 더 나은 방향을 그리는 데 꼭 필요한 나만의 '내면 리포트'이다. 말은 흘러가지만, 글은 남는다. 그리고 남겨진 글 속에서, 나는 조금씩 나를 알아간다.

내 추억은 대부분 사진 속에 있다. 아빠가 정성껏 정리해 둔 앨범 속, 구겨진 옷차림과 촌스러운 머리 모양, 생일 케이크 앞에서 어색하게 웃고 있는 어린 내 모습이 있다. 사진에는 단서만 있고 설명은 없다. 그날이 무슨 날이었는지, 누가 함께였는지, 어떤 기분이었는지는 알 수 없다. 사진을 보며 상상할 뿐이다. 저 웃음이 정말 즐거워서였는지, 아니면 누가 웃으라고 해서 지은 웃음이었는지조차 모른다. 추억은 있으나 온전하지 않다. 그래서 기록하기 시작했다.

아이의 일상을 사진 한 장에 짧은 문장을 덧붙여 블로그에 올리기 시작했다. 그중 하나, 큰딸의 복권 1등 당첨 일화가 있다. 새로 생긴 전자상가 광고용 복권이었다. 누구나 100% 당첨되는 광고지다. "축 1등 당첨!"을 동전으로 긁으며 신났을 딸의 추억이다. 짧은 글이지만 그날의 공기, 목소리, 웃음이 함께 되살아난다. 단지 사진만 남았다면 절대 기억하지 못했을 작은 순간이, 문장 하나 덕분에 다시 살아난다.

기록은 시간의 흐름에 저항하며 기억을 지킨다. 블로그에는 아이의 키가 자라듯 추억도 쌓인다. 가족 여행, 마을 도서관 행사, 시장에서 나눠 먹던 떡까지. 가족의 시간은 글과 사진 안에서 살아 숨 쉰다. "그날은 어땠지?" 하고 묻는 순간, 블로그를 열어본다. 그날의 감정, 빛깔, 온도를 다시 만난다. 무뎌졌다고 생각했던 마음이 그 글을 다시 읽는 순간 되살아난다. 과거의 나와 지금의 내가 나란히 앉아 같은 장면을 바라보며 함께 호흡한다. 흘러간 날이 다시 손에 잡히고, 잊힌 마음이 다시 내 안으로 돌아온다.

함께 성장하는 독서 모임

 학원 운영도 잘하고 싶고, 아이에게 언제나 100점짜리 엄마가 되고 싶었다. 유난히 지친 어느 날이었다. 블로그 한 줄이 눈에 들어왔다. "책을 좋아하는 엄마의 독서 모임, 왈츠모 모집." 왈츠, 경쾌한 세 박자 춤처럼 인생도 당당하게 걸어간다는 뜻이었다. 이름만으로도 마음이 한 박자 쉬어가는 기분이었다. 혼자 읽기에는 버거운 책도 함께하니 기다려지는 여정이 되었다. 자녀와 나누고 싶은 그림책, 자기 계발서, 취향 가득한 소설. 우리는 읽고, 나누고, 서로의 하루를 들여다보았다.

『자존감 수업』을 읽으며 내 안의 작고 소중한 자존감을 다시 품었다. 요시타케 신스케의 『이게 정말 나일까?』를 펼치던 날에는 페이지 끝에서 울컥하며 마음이 흔들렸다. "나는 아직 만들어지고 있는 중이야." 그림책 속 아이의 말은 작고 단순했지만, 늘 무엇이 되어야 한다는 강박에서 잠시 멈추게 했다. '엄마'로, '원장'으로 달려오며 잊고 지냈던 '나 자신'이라는 존재를 다시 마주하게 했다. 왈츠모는 2018년부터 시작되어 코로나 시기에도 멈추지 않았다. 줌(Zoom) 화면 너머 아이 웃음소리와 설거지 소리가 섞인 그곳에서도 책을 나누고 안부를 주고받았다. 그 시간은 분명히 '나'를 위한 것이었다. 새로운 사람을 만나는 설렘, 어색하지 않기 위한 작은 용기, 그리고 무엇보다 나를 위한 시간을 당당히 갖게 된 기쁨이었다. 왈츠처럼, 인생의 박자를 스스로 맞춰보는 연습이었다. '나'로 살아가는 연습 말이다.

우리는 왈츠처럼 삶의 박자를 세련되게, 단단하게 걸어가고 싶은 마음이 자연스럽게 닮아 있었다. 육아와 일 사이에 늘 무언가를 '감당해야만 하는' 일상에서 '나를 위한 읽기'는 언제나 가장 마지막 순서에 밀려 있었다. 그래서 우리가 정한 첫 번째 약속은 "매일 책을 읽자."라는 것이었다. 소박하지만, 쉽지 않은 일이었다. 혼자였다면 피곤하다는 이유로, 마음이 복잡하다는 핑계로 슬그머니 접어두었을 결심이었다. 그러나 '함께'는 달랐다. 매일 읽은 한 줄을 카카오톡 단체방에 인증하며 서로를 응원했다.

"오늘은 아이 재워놓고 겨우 한 장."
"밥물 올려놓고 후다닥 읽었어요."
"이불 속에서 마지막 문장 넘기고 나니 마음이 조금 차분해졌네요."

하루의 끝자락, 우리는 이불 속에 몸을 웅크린 채, 부엌의 불빛 아래 앉아서, 창가에 기대어 고요히 마음의 결을 어루만지며 책장을 넘겼다. 화려한 독서 기록도 고상한 평론도 아니었다. 그저 "나도 오늘 읽었어요."라는 짧은 말 한 줄이 서로의 하루에 건네는 따뜻한 위로가 되었다. 각자 다른 장소에서 마치 나란히 앉아 책을 넘기는 것 같은 조용한 연대가 하루하루 차곡차곡 쌓여갔다.

정기 모임에서는 한 권의 책을 함께 읽고 깊이 있게 나누었다. 같은 페이지에서도 마음에 남는 장면은 저마다 달랐다. 누군가의 눈에는 먹먹함으로, 다른 누군가에게는 위안이 되어 남았다. 그렇게 책이라는 거울에 각자의 삶을 비추고 서로의 이야기에 귀 기울였다. 같은 책을 읽었는데도 무지갯빛 감상이 오갔던 그 시간은 지금까지도 또렷하게 남아 있다. 때로는 각자 취향의 책을 소개하는 시간도 가졌다. 소설, 에세이, 그림책, 철학서까지 소개되는 책마다 마치 새로운 문이 하나씩 열리는 기분이었다.

"이 책, 꼭 읽어봐야겠어요."

누군가의 한마디에 마음이 먼저 끌렸고, 읽고 싶은 책이 마음속에 하나하나 쌓아 올렸다. 한 권도 놓치고 싶지 않을 만큼 책이라는 세계가 얼마나 넓고 깊은지를 새삼 느끼는 순간이었다. 혼자 읽는 책은 조용하지만, 함께 읽는 책은 살아 있었다. 질문이 생기고, 감탄이 이어지고, 말끝마다 고개를 끄덕이며 살아온 이야기에 또 다른 삶이 연결되었다. 토론이 끝난 후에도 여운은 오래 남았다. 무언가를 깊이 나눈다는 건 결국 진심을 건넨다는 걸 배웠다. 왈츠모의 토론 시간은 언제나 감동이었고 따뜻한 행복이었다. 책을 매개로 사람을 더 사랑하게 되는 시간이었다. 그 시간은 결국 나를 더 풍성하게 만들었다.

우리 모임에는 다채로운 색깔을 지닌 사람이 모여있었다. 영어 교사, 연설 연구가, 그리고 나처럼 수학을 업으로 삼은 엄마. 하루하루 치열하게 살아가는 일상에서도 자기 일을 사랑하고, 배우기를 멈추지 않는 사람이었다. 각자의 전문 분야를 나누는 시간을 만들어 보기로 했다. 이름하여, '나만의 미니 강의'. 발음 교정을 주제로, 설득의 언어를 주제로 강의했다. 나는 많은 고민과 학부모 상담 끝에 얻은 해답들을 엮어 '현명한 수학교육'이라는 주제로 짧은 강의를 준비했다.

긴장된 마음으로 준비한 자료를 펼치고, 청중 앞에 말을 꺼냈다. 그녀들은 수강생도 학부모도 아닌 같은 시기를 살아가는 엄마이자 동료였다. 그래서일까. 말끝마다 고개를 끄덕이는 그 진심 어린 반응이 깊은 공감으로 다가왔다. 그날, 다시 확인했다. 내가 쌓아온 것들이 누군가에게는 작은 길잡이가 될 수 있다는 것을. 우리는 치열했던 삶을 공유하며 서로에게 책이 되어 주고 있었다.

왈츠모에 강연을 제안하는 한 작가의 메시지가 도착했다. 회의를 열었고, 망설임 끝에 작가 초청이라는 새로운 시도를 해보기로 했다. 원래 예정된 도서는 잠시 미루고 이왕이면 강연 작가의 책부터 먼저 읽기로 했다. 곧 작가가 우리를 만나러 오겠다는 응답이 왔다. 우리는 설렘과 감사의 마음으로 서로를 바라보았다. 기꺼이 와준다는 사실만으로도 작가의 글이 한층 따뜻하게 느껴졌다. 그는 대기업에 다니며 밤마다 글을 쓰다 결국 전업 작가의 길을 선택한 사람이었다. 그 결단은 담대했고, 한편으로는 부러웠다. 자신의 이야기를 믿고 써 내려간 용기 그리고 그 끝에 도달한 '작가'라는 이름의 시간이 궁금해졌다.

그래서인지 책을 읽는 자세도 달라졌다. 문장 앞에서 멈춰 섰고, 여백마다 줄을 그었으며, 여운이 남는 페이지마다 질문을 적었다. 마치 곧 눈앞에서 마주할 누군가에게 조심스레 마음을 건네듯 한 줄 한 줄 곱씹으며 읽었다. 어느새 텍스트를 넘어 하나의 대화가 되었다. 강연장에서 책에 담기지 않은 이야기를 들었고, 독자로서 품어온 궁금증에도 답을 얻었다. 식사 자리에서는 후기를 나누며, 서로의 거리가 한층 더 가까워졌다. 그 시간은 책과 사람이 얼마나 따뜻하게 맞닿을 수 있는지를 보여준 자리였다.

왈츠모는 책을 함께 읽고, 생각을 나누고, 때로는 조용히 서로의 문장을 바라봐 주는 일상의 작은 기적이었다. 지적인 교류가 있었고, 따뜻한 연대가 있었으며, 무엇보다 '나'라는 존재를 다시 꺼내 볼 수 있는 시간이 있었다. 아이의 엄마로, 학원의 원장으로 살아가느라 언제부턴가 뒤로 미뤄두었던 '나'라는 이름. 왈츠모에서는 그 '나'를 다시 불러낼 수 있었다. 함께 읽고 나누는 매 순간은 일상의 쉼표이자 마음의 숨 고르기였다. 바쁜 하루 속에서도 책 한 권을 끝까지 붙잡을 수 있었던 건 같은 마음을 가진 이들이 곁에 있었기 때문이다. 왈츠모는 그렇게 우리의 삶에 세 박자의 리듬을 불어넣어 주었다. 경쾌하지만 흐트러지지 않게, 세련되지만 따뜻하게, 삶의 중심에서 나를 잃지 않게 해주는 가장 고마운 동행이었다.

작은 문장으로 만드는 큰 신뢰

 학원을 운영하면서 매일 글을 읽고 쓴다. 눈에 띄는 홍보 문구 하나부터 수업 규칙을 정리한 안내문, 강사 소개까지 직접 다룬다. 짧은 게시글 하나에도 학부모님을 안심시키기 위해 정성을 담는다. 단어 하나, 문장 하나를 고를 때마다 오래 머문다. 학원은 학습 공간이라 믿었고, 말로 설명하고 가르치는 것에 집중했다. 그러나 시간이 흐르며 깨달았다. 좋은 교육은 말보다 진심을 담은 글로 더 오래 남을 수 있다는 것을. 한 장의 공지문에서도, 한 줄 메시지에서도 마음이 묻어난다는 사실을. 그래서 다시 문장을 다듬는다. 이제 글쓰기는 학원을 운영하는 도구를 넘어, 나를 갈고 닦는 배움의 길이 되었다. 글을 쓰며 나는 좋은 교육자가 되는 법을 배우고, 동시에 더 나은 내가 되어간다.

하루가 다르게 변하는 세상에서 학원도 멈춰 있을 수 없다. 가장 빨리 달라진 건 '홍보 방식'이다. 예전엔 전단이 전부였다. 새벽같이 인쇄소에서 받아 온 전단을 들고 학원 앞 길목에 서거나, 학교 입구에서 사람 손에 조심스레 건넸다. 몇 장을 돌리고 나면 손끝에 잉크 냄새가 묻었고 마음 한편엔 '이 전단이 누군가의 발걸음을 이끌 수 있을까?' 하는 기대도 스쳤다. 하지만 지금은 다르다. 온라인이 주무대다. 네이버 블로그엔 정다운 글을, 당근마켓 광고엔 눈길을 끄는 강렬한 한 줄을 작성해야 한다. 수많은 정보 속에서 우리 학원을 발견하게 하려면 마음이 담긴 문장이어야 한다.

'수학이 쉬워지는 시간'
'우리 아이 첫 수학 친구'

몇 번이나 지우고 다시 써본다. 짧은 문장 하나에도 진심 없이는 사람의 마음을 자석처럼 잡아끌 수 없다. 클릭 한 번이 곧 신뢰의 시작이기 때문이다. 홍보는 이제 '정보'가 아니라 '표현'이 되었다. 학원 분위기, 선생님 진정성, 학생의 웃음까지 글 안에 정성스럽게 담는다. 문장은 짧지만, 그 안에 담은 시간과 마음은 길다. 글을 통해 마음을 전하는 일이 점점 더 중요해진다.

수업 규칙을 정리할 때는 유난히 신중해진다. 같은 말이라도 어떻게 쓰느냐에 따라 학생이 느끼는 온도가 다르기 때문이다. "지각하지 마세요."라고 쓰면 윽박지르는 말처럼 들릴 수도 있다. 하지만 "시간 약속을 함께 지켜요."라고 적으면, 규칙이 아닌 약속처럼 느껴진다. 말투에 분위기가 바뀌고 문장으로 관계가 깃든다. 글은 전달이 아니라 '태도의 표현'이란 걸 학원을 운영하며 배웠다. 강사 소개를 쓸 땐 더욱 그렇다. 동료 선생님은 학생과 함께 울고 웃는 이들이다. 학생보다 먼저 교실에 도착해 분필을 챙기고 늦게까지 남아 풀이 과정을 살펴보는 선생님들이다. 그 모습을 떠올리면 "열정적인 선생님입니다."라는 평범한 문장으론 부족하다. 한 단어, 한 문장씩 다시 쓰게 된다.

짧은 문장 안에 사람의 진심을 담는 일은 늘 어렵다. 사진 아래 자기소개에 동료 선생님의 인품이 드러나기를 바란다. 읽는 학부모가 "이 선생님이라면 믿을 수 있겠구나!"라고 느끼길 바라는 마음으로 써 내려간다. 글은 쓴 사람의 마음을 닮는다. 그래서 단어 끝에 마음이 묻어날 때까지 다시 문장을 고친다.

소통의 방식도 시대에 따라 달라졌다. 예전엔 학부모와 직접 전화로 소통했다. 학생이 수업에 잘 적응하고 있는지, 시험이 다가오니 긴장한 기색은 없는지. 통화는 단순한 정보 전달이 아니었다. 목소리 너머로 전해지는 숨소리, 말끝의 떨림 속에 서로의 마음이 섞였다. 때로는 잠시의 침묵조차 위로가 되기도 했다. 하지만 지금은 대부분 카톡으로 소통한다. 말 대신 문장, 표정 대신 이모티콘으로 마음을 대신한다. 처음엔 낯설고 어색했다. 그러나 이내 알게 되었다. "오늘도 수고 많으셨어요."라는 한 줄도 마음을 다하면 통화만큼 정다울 수 있다는 것을. 이제는 이모티콘 하나, 줄임표 하나도 신중하게 고른다. '괜찮습니다~'의 물결표 하나에도 온도가 있고, '감사합니다^^'의 웃음 표시에는 다정함이 담긴다. 주고받은 대화가 쌓여 신뢰가 되고, 신뢰가 쌓이면 우리 학원과 더 단단하게 연결된다. 인공지능 시대에도 소통의 본질은 그대로다. 여전히 중요한 건 마음이다. 결국 마음은 어떤 방식으로든 전해진다. 그래서 한 줄의 문장을 보낼 때, 그 너머의 사람을 먼저 떠올린다.

학생 생일엔 꼭 축하 메시지를 보낸다. "○○야, 생일 축하해. 오늘은 너를 위해 준비된 날이야." 단지 형식적인 인사처럼 보일 수도 있지만, 이 짧은 문장 안에 최고의 따뜻함을 담으려 한다. 한 학생의 생일을 함께 기억하고 축하하는 일은 '너는 이 공간에서 소중한 존재야.'라는 말을 전하는 방식이다. 직접 손 글씨로 편지를 써서 학생의 책상에 살짝 올려두기도 한다. 고개를 갸웃거리며 쪽지를 펼쳐 읽는 학생의 미소는 하루의 고단함을 단숨에 녹인다. "선생님, 어떻게 아셨어요?" 하고 물으면 "선생님은 소중한 너의 날을 기억하고 있어."라고 말한다.

학원이란 공간이 공부만 하는 곳이 아니라는 걸 스스로 느끼게 하고 싶다. 시험 성적보다 더 중요한 건 자신이 존중받고 있다는 것이다. 누군가 나의 이름을 기억해 주고 나의 하루를 축하해 준다는 작은 경험이다. 그런 깊은 경험이 쌓이면 학원에 오는 것을 두려워하지 않고 선생님이라는 존재를 '함께 있는 어른'으로 받아들인다. 그래서 이름을 하나하나 달력에 적는다. 그리고 생일이 다가오면 어떻게 축하할지 고민한다. 세상에 태어난 날을 우리가 함께 기뻐하는 날로 만들기 위해서다.

누군가는 글이 부담이라 말한다. 할 말은 많은데, 어떻게 써야 할지 몰라 주저하게 된다고, 말보다 더 어려운 게 글이라고. 하지만 나에게 글은 다짐이다. 하루를 시작할 때 내가 어떤 마음으로 학생을 맞이할지 다짐하게 하고, 마칠 때는 하루를 돌아보게 하는 거울이 된다. 말보다 느릴지 몰라도 글은 천천히, 더 깊이 스며든다. 오늘도 컴퓨터 앞에 앉는다. 커서를 깜빡이며 나를 기다리는 빈 화면 위에 천천히 마음을 얹는다. 하루에도 몇 번씩 문장을 지우고, 다시 쓰고, 또 다듬는다. 내 하루의 시작과 끝은 글이다. 부지런한 나의 기록이 학부모에게는 안심을, 학생에게는 은은한 격려를, 나에게는 작은 성장의 나이테가 되어 줄 거라 믿는다.

나에게 띄우는 성장 편지

To. 거울 속 나

은아, 네가 처음 책을 품에 안았던 순간은 아빠의 무릎 위였지. 그 따뜻한 시작이 고등학교 작은 도서관으로 이어졌고, 글을 쓰는 시간이 너에게 가장 빛나는 행복이 되었어. 파도 소리를 들으며 책장을 넘기던 그때, 세상에 대한 설렘과 갈망이 조용히 마음속에 자라났지. 그 마음이 너를 학원 강사로, 원장으로 이끌어 수많은 학생과 만나게 했구나.

지쳐 주저앉고 싶을 때도 있었을 거야. 그럴 때마다 글은 네 곁에서 숨 고르기가 되었고, 다시 일어설 힘을 건네주었어. 글쓰기는 네 삶을 담아내는 기록이자 잠시 머무는 쉼표였고, 또 새로운 길을 열어주는 신호였지. 은아야, 앞으로도 글 속에서 네 마음을 놓치지 말고, 학생과 학부모에게 따스하게 다가가며 너의 길을 밝혀가길 바란다. 언제나 초심을 가슴에 품고, 글이 들려주는 작은 속삭임에 귀 기울이며 천천히, 부드럽게 걸어가자.

7장

책 속에서 길어 올린
돌파하는 힘

이성은

샘글독서논술 하남미사점 원장. (사)한국문화예술진흥협회 독서논술전임강사. 글쓰기가 막막한 학생들이 술술 쓰게 하는 마법사. 학습자가 즐거운 글쓰기를 경험할 수 있도록 지도 방법을 연구하고 개발하는 일에 진심이다. 문해력 글쓰기, 북스타트 활동가 양성 과정, 독서 토론, 그림책 테라피 치유 명상 강의 출강.

저서: 『그림책을 읽는 12가지 방법』(공저), 『신나는 한글놀이』(공저), 『독서논술 선생님의 글쓰기 비밀노트』(공저)

유튜브: @koreanstorybook
블로그: blog.naver.com/sophia715

이야기꾼,
두 개의 일기장에서 나를 찾다

 엄마를 김치찌개 냄새로 기억한다. 저녁 7시면 어김없이 노랫소리가 들려왔다. "한마디 말이 모자라서 다가갈 수 없는 사람아~" 김수희의 〈애모〉와 콧노래 소리. 도마 위에서 탁탁 칼이 분주하게 춤추는 소리가 맛있게 버무려졌다. 얼큰한 찌개 냄새가 집안을 가득 채우면 홀린 듯 코를 킁킁거리며 부엌으로 향했다. 둥지의 아기 새처럼 입을 벌리면서 부엌을 기웃거리다 갓 구운 삼겹살 한 점을 얻어먹곤 했다. 그럴 때마다 엄마는 어김없이 "옛날 옛적에"로 시작하는 동화를 들려주셨다. 지글지글 구운 고기를 입안 가득 오물거리며 눈과 귀는 오로지 이야기에 집중했다. "어흥! 떡 하나 주면 안 잡아먹지!" 엄마가 손을 치켜들고 잡아먹는 시늉을 하면, 방으로 후다닥 내뺄 정도로 살아 있는 동화 구연이었다.

생생한 이야기가 머릿속에서 꿈틀거리면 책장에서 책을 꺼내 읽었다. 이야기로 흥미를 지펴주면 스스로 책을 찾아 읽는 식이었다. 그림책을 펼치면 그림과 글자는 발이 달린 것처럼 생생하게 살아서 움직였다. 가끔 책의 줄거리와 동화 구연 내용이 다를 때가 있었는데 그걸 찾아내면 보물을 발견한 것처럼 신났다. 그렇게 초등학교에 입학하기도 전에 여든 권짜리 전래 동화 전집과 백 권이 넘는 세계 명작을 단숨에 읽어버렸다.

엄마의 사랑이 듬뿍 담긴 음식을 먹고 병원 신세 지는 일 없이 튼튼하게 자랐다. 양파에 『아기 돼지 삼 형제』 이야기 한 조각, 애호박에 『흥부와 놀부』 한 조각, 당근에 『빨간 모자』 한 조각이 묻어 내 몸속으로 들어왔다. 음식에 묻은 무수한 이야기는 나를 무럭무럭 키웠다. 그것들은 내 몸을 유영하며 책을 읽는 눈이 되고 아이들에게 지식을 나눠주는 야무진 입이 되었다. 그리하여 나는 세상에 이야기를 들려주는 사람으로 살게 되었다.

 사랑하는 두 아이와 학원에서 만나는 어린이 작가들에게, 그리고 유튜브 '성은쌤의 동화사랑'을 통해 목소리를 전한다. 이야기를 맛있게 먹고 독서의 세계로 빠져들기를 바라면서!

두 개의 일기장

 초등학교 때 일기 쓰기 숙제가 있었다. 매일 한 편씩 일기를 쓰고 월요일마다 담임 선생님이 검사했다. 줄곧 반장을 하던 터라 선생님과 친구들에게 완벽한 모습만 보여줘야 한다고 생각했다. 하지만 현실 속 내 모습은 완벽과는 거리가 멀었다. 집에서는 하루가 멀다 하고 엄마한테 사랑의 매를 맞았다. 언니와 싸워서 화장실에 갇히는 벌도 많이 받았다. 지금이면 아동 학대로 〈그것이 알고 싶다〉 프로그램에 나올 법한 일이지만 그 시절엔 체벌이나 강압적인 훈육이 일상이었다. 이런 일을 여과 없이 일기장에 썼다가는 완벽한 반장 이미지에 오점을 남기는 게 아닌가.

궁리 끝에 일기장을 하나 더 만들었다. 자물쇠가 달린 하얀색 일기장 표지에 '진짜 나'라고 썼다. 펼치는 순간만큼은 솔직한 마음을 모두 털어놓는 유일한 시간이었다. 학교 제출용은 따로 있었다. '반장 일기장'이라고 불렀다. 반장의 이미지를 실추시키는 일은 적지 않겠다는 일종의 다짐이었다. 두 일기장에 담긴 이야기는 지킬 박사와 하이드처럼 다른 얼굴을 담고 있었다. 반장 일기장은 당당한 금메달리스트였다. 수업에서 새롭게 알게 된 지식과 어려움에 처한 친구를 도운 일, 선생님께 칭찬받은 일과 어려움을 얼마나 잘 이겨 냈는지가 주를 이뤘다. 자기 자랑을 실컷 늘어놓고 겸손한 태도로 마무리하는 것도 잊지 않았다.

1996. 3. 10. 날씨 맑음 '반장 일기장'

오늘 우리 반에 새로운 친구가 전학을 왔다. '민지'라는 친구인데 전주에서 서울로 이사를 왔다고 했다. 민지는 사투리를 쓰는데 남자애들이 촌스럽다고 놀려대니까 당황하면서 책상에 엎드려 울었다. 내가 다가가서 눈물도 닦아주고 등을 토닥여 줬다. 처음 전학 와서 학교가 낯설 텐데 도와주지는 못할망정 놀리기나 하고 남자애들은 정말 유치하다. 앞으로 새 학교에 적응할 때까지 반장인 내가 많이 도와줘야겠다.

1997.8.23 날씨 내 마음처럼 비 천둥 번개 '진짜 나'

비 오는 날 먼지 날 때까지 맞았다. 솔직히 난 잘못이 하나도 없다. 억울하다. 학습지 선생님이 와서 수학 수업을 하고 있었는데 외출했던 엄마가 들어왔다. 수업 도중, 학교에서 가져온 올챙이가 담긴 페트병을 보여주며 자랑했는데 수업 중에 뭐 하는 행동이냐고 버럭 화를 내며 페트병을 확 던졌다. 페트병이 바닥에 떨어지는 순간, '퍽' 소리와 함께 물이 사방으로 튀었고, 올챙이들이 쏟아져 나와 여기저기 흩어졌다. 번들거리는 몸을 이리저리 꿈틀대며, 젖은 마룻바닥 위를 필사적으로 팔딱팔딱 뛰어다녔다. 어떤 녀석은 구석에 부딪히고, 어떤 건 반쯤 말라붙어 움직임이 둔했다. 작은 생명이 눈앞에서 허우적거리는 모습을 보는데, 심장이 덜컥 내려앉았다. 올챙이도 울고 나도 울었다. 하필

이면 엄마 기분이 안 좋을 때였나 보다. 그날따라 엄마의 눈빛은 맹수처럼 날카로웠다. 아무 말도 꺼내지 못했다. 쥐구멍에 숨고 싶었다. 학습지 선생님이 돌아간 뒤, 엄마는 가라앉은 목소리로 그동안 잘못한 일들을 랩퍼처럼 퍼부었다. 그러더니 손바닥을 펴라고 했다. 손바닥을 내밀었다. 수많은 잘못들이 한꺼번에 내 손바닥에 내려앉았다. 손바닥에 번개가 쳤다. "내가 이렇게까지 잘못한 건가?" 억울했다. 엄마가 싫었다.

이중적인 생활이었다. 매년 착한 일을 많이 한 학생에게 주는 선행상을 받았다. '반장 일기장'을 쓸 때는 모범적이고 착한 가면을 써야 했다. '진짜 나'를 쓸 때는 밖에서 쓰고 다니는 가면을 벗고 있는 그대로의 나를 만나는 기분이었다. 싫어하는 사람, 화났던 감정, 질투심, 복수심, 열등감 등 부정적인 생각과 감정을 가감 없이 털어났다. 들키면 안 된다는 생각에 '진짜 나'는 침대 매트리스 사이에 비밀스럽게 숨겨두었다. 일기장은 목숨처럼 소중했다.

어릴 때부터 타인이 기대하는 모습과 있는 그대로의 내가 공존한다는 사실을 터득하고 처세했다는 생각이 든다. 상황에 따라 맞춤 가면을 꺼내 쓰는 것은 자연스러운 행동이다. 그러나 세상에 보이는 모습이 진짜 내가 아니라는 생각이 들 때마다 죄책감이 밀려왔다. 여러 가면 사이의 차이가 느껴질 때면 '진짜 나'를 펼쳤다. 있는 그대로의 나를 드러내도 괜찮았다. 안전지대였으니까. 솔직한 기분과 생각을 털어놓으면 마음이 후련해졌다. 마치 대나무 숲에서 "임금님 귀는 당나귀 귀!"라고 외치는 것처럼. 그렇게 조금씩 나를 긍정하게 되었다. 착하게 행동해야, 시험에 1등 해야, 말을 똑 부러지게 해야 사랑받을 거라고 전전긍긍하던 조바심도 잠잠해졌다. 글쓰기의 힘을 처음 경험한 것도 그 무렵이었다. 글쓰기는 현실과 이상 사이의 균형을 잡아주며 중심을 단단하게 세워주었다.

내 안의 두려움을 뛰어넘는 문장

 브리타 테켄트럽의 『빨간 벽』은 살아가면서 마주치는 여러 가지 벽을 상징적으로 보여주는 그림책이다. 표지에는 높고 끝이 보이지 않을 정도로 긴 빨간 벽이 보인다. 이것은 우리 마음속에서 움트는 두려움과 고정 관념, 사회가 만들어 놓은 편견을 시각적으로 보여준다.

 주인공 꼬마 생쥐는 빨간 벽이 언제, 어떻게 생겼는지 궁금해하면서 그것을 뛰어넘을 방법을 찾는다. 주위 친구들은 "빨간 벽은 아주 오래전부터 있었고 누가 만들었는지 몰라." 라고 말한다. 오히려 꼬마 생쥐에게 그런 걸 왜 궁금해하냐고 되물으며 한심하다는 듯이 얘기한다. 벽은 스스로 쌓아 올리기도 하고, 때로는 타인에 의해 만들어지기도 한다. 벽을 나의 한계로 받아들일 것인지, 극복할 대상으로 정의할 것인지는 자신에게 달려 있다.

"네 인생에 수많은 벽이 있을 거야. 어떤 벽은 다른 이들이 만들어 놓지만, 대부분은 스스로 만들게 돼."

마음에 깊이 와닿은 한 문장이다. 이 구절은 살아온 길을 되돌아보게 했다. 어린 시절부터 스스로에 대한 의구심과 한계에 대한 막연한 두려움이 있었다. 새로운 도전이나 변화를 앞두고는 항상 '이걸 해낼 수 있을까?'라는 질문이 머릿속을 맴돌았다. 한번 걱정이 시작되면 도전을 피하거나, 심지어 진행하던 일을 포기하기도 했다.

결국, 마음속에서 스스로 만들어 낸 벽이 나를 가두고, 꼼짝 못 하게 했다. 새로운 도전을 할 때 주변에서는 만류하는 말이 앞을 가로막는다. "네가 하긴 뭘 해.", "하지 마. 안될 게 뻔해." 이런 말 때문에 뜻을 굽히고 주저앉기도 하지만,

그보다 강력한 장애물은 내 안에 있다는 사실. 돌아보면 "다른 사람들의 만류 때문에 하지 못했어."라는 말은 핑계인 경우가 많았다. 마음과 생각을 활짝 열어 놓으면 그 벽들이 하나씩 사라진다.

느린 학습자를 만났을 때, 어떻게 지도해야 할지 몰라 당황했다. 변화가 어려운 대상으로만 바라보았고, 회피하고 싶은 마음이 들었다. 하지만 이제는 다르다. 새로운 지도 방법을 찾을 절호의 기회로 받아들이게 되었다. 그 결과, 글을 더듬더듬 읽던 학생은 아나운서 음성으로 또박또박 거침없이 글을 읽고 쓰는 눈부신 성장을 이뤘다. 학부모는 "선생님은 저희 아이를 바른길로 이끌어 주신 은인이세요." 하며 눈물을 글썽였다. 불안은 점점 사라졌다. 마음을 열고 생각의 프레임을 바꾸는 게 얼마나 중요한지 깨달은 순간이었다.

벽은 두 얼굴을 가지고 있다. 우리를 가두는 장애물일 수 있지만, 동시에 한 계단 성장할 기회이기도 하다. '거친 파도가 노련한 뱃사공을 만든다.'라는 말이 있다. 불확실과 편견을 이겨내고 새로운 차원으로 가본 자만이 통찰력을 얻는다. 빨간 벽은 스스로 만들 수도 있지만 마음먹기에 따라 언제든 넘어설 수도 있다. 그러니 내가 만든 벽에 갇혀 살지 말자. 열린 마음으로 세상과 마주하고 도전을 기꺼이 받아들이자. 무엇보다 중요한 것은 친구와 함께 손을 잡고 가는 길이 훨씬 더 즐겁다는 사실! 좋은 사람들과 함께 벽을 넘어서는 삶은 미래를 한층 더 풍요롭게 만들어 줄 것이다.

지혜의 서가, 나를 키우는 시간

두 아이를 두 살 터울로 출산하고, 육아를 하면서 자연스럽게 '경단녀'가 되었다. 반복되는 일상에서 나를 위한 시간은 없었다. 아이들 먹이고 씻기고, 식사 준비에 빨래와 청소를 하고 나면 늦은 밤이 되었고 거울 한번 쳐다볼 틈도 없었다. 시간이 지나면서 아이들이 어린이집에 다니기 시작했고, 그제야 나만의 시간을 가질 수 있는 여유가 생겼다. 그 시작은 독서였다.

처음에는 아이들과 '북스타트' 프로그램에 참여하기 위해 도서관에 갔다. 매주 한 번씩 아이들에게 그림책을 읽어주고 나이에 맞는 책 놀이를 하며 책에 대한 흥미를 키우는 시간이었다. 그림책 속 세계는 상상했던 것보다 더 넓고 깊었다. 마치 팍팍한 사막에 살다가 푸르른 태평양 바다를 만난 기분이었다. 논술 지도를 하면서 그림책에서 동화책으로, 소설로, 독서의 세계가 확장되었다. 아동 문학을 접하면서 어린이와 어른의 세계가 어떻게 다른지 궁금해졌다. 결국 대학원에서 아동 문학을 전공하며 석사 학위를 받았다. 동화책을 읽으면서 점점 내면 깊은 곳에 있는 어린아이와 대화하는 듯한 느낌을 받았다. 이 과정에서 독서가 단순한 정보 습득이 아니라, 사람을 변화시키는 강력한 힘을 가졌다는 것을 확신하게 되었다.

이후 독서를 넘어서 글을 쓰기 시작했다. 독자에서 작가가 된 것이다. 도서관에서 손에 잡히는 대로 책을 읽고, 느낌과 생각을 글로 표현하는 작업에 몰두했다. 읽고 쓰기라는 두 가지 행위는 삶에서 점점 더 중요한 역할을 하게 되었다. 내면의 목소리를 들을 수 있었고, 그동안 잊고 있던 순수함을 되찾을 수 있었다. 동화 작가가 되고 싶던 어린 시절 꿈도 깊은 우물에서 다시 길어 올렸다. 글을 쓰는 과정은 끊임없는 자기 성찰이었다. 자연스럽게 삶이 변화하기 시작했다. 책장을 펼치면 새로운 세계를 만났다. 『사기 열전』을 펼치면 2,000년을 거슬러 올라가 사마천이 현명하게 사는 법을 가르쳐주었다. 독서는 내 안의 두려움을 마주하고, 나 자신을 이해하는 과정이었다. 책을 읽고, 글을 쓰면서 발견한 것은 내가 얼마나 더 성장할 수 있는지에 대한 가능성이었다.

특히 내가 집필한 책이 도서관의 서가에 꽂혀있는 모습을 봤을 때, 그 감동은 말로 표현할 수 없다. 책에 담긴 나만의 경험과 깨달음이 이제는 다른 사람들에게 도움을 줄 수 있다는 사실이 벅차올랐다. 도서관에서 『독서논술 선생님의 글쓰기 비밀노트』를 읽고 있는 독자를 만난 적이 있다. 옆에는 초등학교 4학년쯤 되어 보이는 여자아이가 있었다. 엄마는 책의 내용을 딸에게 설명하고 있었다. 책을 잘 활용하고 있는 모습이 신기하면서도 설렜다. 한참을 지켜보고 있는데 그녀와 눈이 딱 마주쳤다. 그 순간 "어머, 성은쌤 아니세요?" 하고 말하는 것이 아닌가. 내가 운영하는 유튜브 채널 QR코드가 책에 있었는데, 그걸 통해서 영상을 봤다고 말했다. 이어 아이에게 글쓰기를 지도할 때 어려운 점을 물어왔다. 카페로 자리를 옮겨 대화를 나눴다. 그 아이는 느낌을 쓰기 어려워했다. 이미지 카드를 통해 느낌을 생생하게 묘사하는 방법을 알려주자 눈빛을 반짝이며 "이렇게 쉬운 방법이 있었다니!" 하며 감사하다고 말했다.

책 쓰기는 가진 모든 것, 지식과 경험 깨달음까지 세상과 나누겠다는 마음에서 시작된다. 나만의 것으로 남기려면 일기장에 쓰면 될 일이다. 이타적인 사람만이 쓰는 행위를 한다. 읽고 쓰는 일은 나를 성장시키는 동시에 발자취를 세상과 나누는 일이다. 그 안에는 타인을 향한 따뜻한 의지가 담겨 있다. 앞으로 세상은 자신의 경험을 아낌없이 나누는 '기버(Giver)'에게 기회를 열어줄 것이다. 직접 몸으로 부딪쳐서 얻은 진짜 이야기를 전할 때 성장이 시작된다. 무거운 욕심 보따리를 움켜쥔 사람은 제자리에 머물겠지만 나누는 사람은 다르다. 함께 가야 더 멀리, 더 오래 갈 수 있다. 다독을 통해 배운 선대의 지혜와 지식을 바탕으로 자신의 경험을 잘 버무려 세상에 내놓은 글은 또 다른 누군가를 살린다. 그런 의미에서 읽고 쓰는 사람은 필연적으로 리더가 된다.

오늘도 읽고 쓰는 일상을 살아간다. 독서는 계속해서 새로운 에너지를 공급해 주고, 글쓰기는 내가 경험한 것들을 세상과 나누는 방법을 알려준다. 지금 무엇을 해야 할지 모른 채 방황하고 있는 사람이 있다면, 읽고 쓰는 시간을 가져 보라고 강력하게 권하고 싶다. 책 속에서, 글 속에서 당신의 답을 찾을 수 있을 것이다.

읽고 쓰는 아이들은 떡잎부터 다르다

독서 클로버 팀 학생들은 4년 전 만난 소중한 씨앗이다. 초등학교 1학년이던 제자들은 어느새 4학년이 되었다. 고사리손으로 꾹꾹 눌러쓰던 삐뚤빼뚤한 글씨는 이제 한석봉을 능가하는 명필이 되었다. 4년째 매주 책을 읽고 토론을 하면서 생각을 나누고 생각 조각을 엮어 글로 정리한다.

독서 클로버 팀의 수업 열기는 처음부터 남달랐다. 1학년 때 『아기 돼지 삼 형제』를 읽고 수업하는 날이었다. 자연스럽게 토론을 시작했다.

"늑대 진짜 나쁘지 않아? 잘못도 없는 돼지들의 집을 후 불어서 날려버리고 잡아먹으려고 했잖아."

"잘못은 아니지. 먹이사슬에 보면 원래 돼지는 늑대의 먹이야. 우리가 치킨 먹는 것처럼."

"늑대보다 엄마가 더 나쁘지 않아? 제목이 아기 돼지 잖아. 아직 어른도 아닌데 나가서 집을 짓고 살라고 했잖아. 계모 아닐까?"

"나는 첫째, 둘째 형이 나쁘다고 생각해. 막내 돼지가 힘들게 벽돌로 집 지을 때 하나도 안 도와줬으면서 위험해지니까 살려달라고 했잖아. 얌체 같아."

토론은 쉴 새 없이 이어졌다. 서로 먼저 말하겠다고 다툴 정도였다. 중재는 하되 자유로운 대화가 이어질 수 있도록 끼어들지는 않았다. 들으면서도 이 상황이 1학년의 토론이라니. 내 귀를 의심했다. 한편으로는 이런 대화를 듣다니 무슨 복인가 싶기도 했다. 그때 잠자코 듣고 있던 한 학생이 말했다.

"난 막내 돼지가 제일 나쁘다고 생각해."

모두 놀란 듯 눈을 동그랗게 뜨고 일제히 그 학생을 쳐다봤다. 혼자 힘들게 집을 짓고 늑대로부터 형들을 구해줬는데 무슨 잘못이 있냐는 눈빛이었다. 이어 진지한 표정으로 천천히 설명을 시작했다.

"내 말 좀 들어봐. 막내 돼지가 혼자 힘들게 벽돌집을 지을 때 형들은 지푸라기, 나무로 집을 뚝딱 지었잖아. 그때 형들한테 도와달라고 했어? 안 했잖아. 놀고 있는 형들한테 도와달라고 했어야지. 분명 집을 나오기 전에도 막내 돼지는 형들이 부탁하면 다 들어줬을 거야. 그러니까 형들은 막내를 무시하게 된 거야. 집 지을 때도 태풍이 불어서 집이 무너지면 막내네 벽돌집에서 쉬면 되겠지 생각한 거야. 막내 돼지가 '형들 일은 형들이 알아서 해!'라고 말했으면 형들도 정신을 차렸을 거라고. 그러니까 이 모든 일은 막내 돼지 때문에 일어난 거야."

그 순간 교실 안의 공기가 얼음처럼 얼어붙었다. 이런 비판적인 생각이 가능하다니. 놀라웠다. 경청하고 있던 모두가 욕조에서 넘치는 물을 보고 "유레카!"를 외친 아르키메데스의 표정이었다. 3초의 정적이 흐르고 누가 먼저랄 것도 없이 혁신적인 생각을 한 친구에게 다 같이 손뼉을 쳐주는 게 아닌가! 나에게는 그 순간이 유레카였다. 정답을 찾는 문제풀이식의 수업이 아닌 스스로 자신의 답을 찾는 논술 교육! 서로의 의견을 존중하고 생각의 확장을 돕는 아름다운 토론 수업. 나의 신념이 틀리지 않았음을 증명하는 순간이었다.

글쓰기는 좋은 사람이 되는 일

논술을 지도하면서 많은 학생과 만나고 또 헤어진다. 만날 때 스쳐 지나가는 인연이 되지 않길 바라는 마음이 크지만, 인연은 뜻대로만 되지 않는다. 말은 휘발되어 날아간다. 누군가와 주고받은 대화도 시간이 흐르면서 기억에서 희미해진다. 하지만 글은 다르다. 거푸집에 찍어낸 주물의 형상처럼 영원히 박제된다. 그러한 이유에서 글쓰기 수업을 지속하기 어려운 학생을 종종 만나게 된다.

5학년 종민이(가명)가 그랬다. 『양파의 왕따 일기』라는 책을 읽고 수업하는 날이었다. 주인공 양파는 친구들에게 놀림을 받고 따돌림을 당한다. 양파는 자신이 왜 괴롭힘을 당하는지도 모른 채, 점점 마음을 닫고 말수조차 줄어든다. 외롭게 학교생활을 하던 양파가 일기를 쓰기 시작하면서 자신의 감정을 솔직하게 털어놓기 시작한다. 자신을 지지해 주는 주변 사람들 덕분에 결국 용기를 내어 친구들과의 관계를 회복하는 내용이다.

 책을 읽고 성찰형 글쓰기를 진행했다. 왕따를 당하거나 친구를 따돌린 경험을 쓰게 했다. 종민이는 처음엔 본인도 책처럼 소심하고 내성적인 친구를 따돌리고 돈을 빼앗은 적이 있다고 자랑하듯 말했다. 친구들은 종민이의 말이 불편한 눈치였다. 일단 발표한 경험을 쓰게 했다. 공감되고 재미있다고 말하며 거침없이 글을 써 내려갔다. 그런데 갑자기 연필이 멈추더니 종민이의 얼굴에서 눈물이 흘렀다. 부끄러운 행동을 자세히 떠올리며 쓰다 보니 얼마나 나쁜 행동을 했는지 깨달은 모양이었다. 고개를 푹 숙인 채 머리카락을 움켜쥐고 고통스러워했다.

수업이 끝날 때까지 입을 굳게 다문 종민이는 그 후 학원을 그만두었다. 다른 학생에게 전해 들었다. 종민이는 중학교에 가서도 친구들 돈을 빼앗고 괴롭히는 행동을 거리낌 없이 한다고 했다. 그러다가 학폭위가 열리고 학교의 징계를 받았다고 했다. 따돌린 일을 글로 쓰면서 흘린 눈물은 어떤 의미였을까? 분명 미안함과 수치심이었을 것이다. 순간의 역동이 삶을 180도 바꾸기는 쉽지 않다. 종민이가 친구에게 사과했다면, 다시 글쓰기를 하며 성찰을 이어갔더라면 지금의 모습이 달라지지 않았을까? 하는 생각에 교사로서 참 안타깝다.

글을 쓰는 시간은 고요하다. 과거의 나와 대화하고 마음을 어루만져 주는 성찰과 치유의 시간이다. 불편하더라도 책이라는 거울을 마주하고 투명한 눈으로 자신을 바라봐야 한다. 행실이 나쁜 사람은 자신을 돌아보지 않고 타인에게 그 책임을 돌린다. 이런 태도는 잘못을 똑바로 바라보기 어렵게 하고, 잘못을 바로잡지 않으면 글은 점점 수박 겉핥기식이 되어 글쓰기를 통한 성장도 멈추게 된다. 결국 좋은 사람만이 계속 쓰는 사람으로 남는다.

글과 마음으로 이어진
성장과 연대의 힘

 학원 경영의 핵심 도구는 독서와 글쓰기이다. 원장에게도 이 두 가지는 매우 중요한 능력이다. 독서를 통해 다양한 교육 정보를 얻고 학생이 읽으면 좋을 만한 양질의 책을 찾는다. 수업 도서 선정을 위해 분기별로 책을 산처럼 쌓아두고 읽는다. 그러다 세상에 알려지지 않은 보석 같은 도서를 찾았을 때는 '심 봤다!'를 외친다. 깊은 산속에서 100년 된 산삼을 발견한 기분이다. 또한 학부모에게 보내는 안내문이나 상담 자료, 홍보 글 등 대부분의 소통은 글로 이루어지기 때문에 글쓰기 없이는 운영 자체가 불가능하다. 수업 사진에 자세한 설명이 더해졌을 때 교육의 방향과 가치가 더욱 신뢰감 있게 전달된다. 결국, 원장이 독서와 글쓰기를 바탕으로 생각을 정리하고 소통할수록 학원 운영도 더 안정되고 효과적으로 이뤄진다. 그래서 독서와 글쓰기는 교육 도구를 넘어, 운영 전반에 중요한 뿌리가 된다.

독서 나무

8세가 되면 한글을 익히고 이제 본격적으로 자발적 독서의 세계에 풍덩 빠질 시기이다. 평생 독자의 출발선이기도 하다. 하지만 현장에서 만나는 초등학교 1학년 학생들은 서서히 책과 멀어진다. 안타까운 아이러니다. 초등학교 입학 전 아이는 양육자의 무릎에 앉아서 등에 맞닿은 엄마, 아빠의 온기를 느끼며 따뜻한 음성으로 독서를 즐긴다. 그러다 초등학교에 입학하고 읽기 독립을 하고 나면 "한글도 다 아니 혼자 읽으렴." 하는 말과 함께 교과 연계 도서와 권장 도서 더미에 홀로 남겨진다. 이제 독서는 미루다 꾸역꾸역 해치우는 숙제처럼 괴로운 학습의 대상이 된다. 독서가 즐거울 리 없다.

학원에서는 매주 사과 모양 포스트잇에 읽은 책 제목을 적어 사과나무에 붙인다. 선생님도 함께 참여해 모두가 한 그루의 나무를 가꾸는 듯한 연대감을 느낀다. 나무에 열매가 주렁주렁 달리면 맛있는 간식을 나누며 신나는 수확 파티를 연다. 간식을 정하는 과정도 교육의 일부다. 학생은 각자 먹고 싶은 메뉴를 투표용지에 적는다. 피자, 떡볶이, 치킨, 마라탕, 짜장면, 탕수육까지. 생김새만큼이나 다양하다. 먹고 싶은 음식을 두고 펼치는 연설은 선거 유세를 방불케 한다. 다수의 선택을 얻기 위해 청중의 마음을 읽고, 설득 전략을 세워야 한다. 군침이 돌 만큼 생생하게 맛을 묘사하고, 먹고 나면 얼마나 만족스러운 기분이 드는지, 또 이 음식이 얼마나 완벽한 영양 성분으로 구성되어 있는지를 조리 있게 발표한다. 그 진지한 표정은 마치 스티브 잡스가 아이폰을 소개하던 프레젠테이션 현장을 떠올리게 한다. 이 모든 과정은 수업의 연장선이다. 하지만 아무도 눈치채지 못한다. 이렇게 함께 읽고 쓰고 말하고 들으며 맛있는 음식을 먹는 즐거움을 경험한 아이들은 평생 독자가 될 거라 믿는다.

독서통장 천 권 읽기

'독서통장'은 중요한 다독 시스템이다. 학생들은 매일 읽은 책의 제목, 작가 이름, 한 줄 감상평을 각자의 독서통장에 적는다. 목표는 한 명당 천 권 읽기이다. 독서 기록은 돈으로 차곡차곡 쌓인다. 통장 만기가 되면 원금에 이자를 더해서 목돈으로 돌려준다. 바로 문구점, 분식집, 편의점 등 원하는 상점에서 현금처럼 사용할 수 있는 쿠폰이다. 독서통장 하나에 이백삼십 권의 독서 나이테를 새긴다. 나이테가 겹겹이 쌓인 손때 묻은 독서통장은 나에게도 학생에게도 다이아몬드보다 반짝이는 보물이다.

천 권 읽기 운동은 독서를 '삶의 일부'로 만들어 주는 프로젝트다. 한 권, 한 권 읽는 시간이 쌓여 마음의 성장으로 이어진다. 천 권을 읽는 동안 어휘와 문장을 자연스럽게 익히며 말하기와 글쓰기 실력이 자란다. 또 다양한 이야기 속에서 원인과 결과를 이해하고 스스로 생각하는 힘을 키운다. 무엇보다 책 속 인물들의 감정에 공감하며 마음이 단단해지고 따뜻해진다. 집중력은 깊어지고, 스스로 책을 고르고 읽어 나가는 과정에서 자기 주도적인 태도도 길러진다. 천 권이라는 숫자는 양의 목표가 아니라, 아이의 내면을 천 번 단단하게 다듬는 시간의 누적이다. 어릴 때부터 쌓은 이 경험은 앞으로의 배움과 삶에서 무엇보다 든든한 자산이 된다.

우리 가족 독서 챌린지

학부모와도 읽는다. 매년 독서의 계절 10월이면 '우리 가족 독서왕 챌린지'를 개최한다. 혼자 쓰던 독서통장을 온 가족이 함께 쓰는 이벤트인 셈이다. 한 달 동안 가장 많은 독서록을 쓴 가족이 1등을 차지한다. 순위권에 들면 교육비 할인, 치킨, 피자, 아이스크림 상품이 쏟아지고 인터뷰 촬영과 '다독 가족 명예의 전당'에 오른다. 경쟁이 치열하기 때문에 1등을 차지하려면 온 가족이 똘똘 뭉쳐야 한다. 한 달 동안은 온 가족의 휴대폰에서 유튜브, 넷플릭스도 잠잔다. 그래서 학부모의 원성을 사기도 한다.

"원장님, 핸드폰을 손에 쥐었다가는 아이가 엄마는 왜 책 안 읽고 핸드폰만 보냐고 난리가 나요. 아이 원성에 억지로 책 보느라 힘들어요."

 아이들은 부모의 뒷모습을 보고 자란다. 이벤트 덕분에 억지로 독서를 시작했다가 평생 독자의 길로 들어선 학부모가 많다. 방에 틀어박혀 게임에 빠져있던 아이는 휴대폰을 끄고 슬그머니 책 읽는 엄마 옆에 자리 잡고 책장을 넘긴다. 물이 위에서 아래로 흐르듯, 다 같이 자연스럽게 책을 읽고 대화하는 상선약수의 이치가 가정에서 일어난다. 하나의 독서 기록장에 엄마, 아빠, 형, 누나, 동생, 할머니, 할아버지의 글씨가 정답게 모여있는 것을 보면 흐뭇한 미소가 피어난다. 각자의 방에서 졸졸 흐르던 시냇물 같은 시간이 책이라는 거대한 바다로 모여 흐르다니! 돈과 바꿀 수 없는 가치이므로 '우리 가족 독서 챌린지'를 계속 이어갈 생각이다.

나에게 띄우는 성장 편지

To. 30년 전 성은

열 살 꼬맹이 성은아, 안녕! 여긴 2025년이고 나는 마흔이 넘었어. 마음 단단히 먹고 잘 들어. 중2 때 아빠 사업이 어려워지면서 우리 가족은 꽤 오랫동안 어두운 터널을 지나게 될 거야. 그래도 선생님의 꿈을 버리지 않았으면 해. 잠시 다른 일을 해도 괜찮아. 넌 결국 선생님이 되거든. 원래 일어날 일은 어떻게든 일어나는 법이잖아?

다행히 터널 끝에 태양 같은 남편이 널 기다리고 있을 거야. 귀여운 아들, 딸도 함께. 그리고 수만 명의 제자들이 글쓰기 마법사 성은쌤을 사랑해 줄 거야. 어때 힘이 좀 나지? 꼭 해주고 싶은 말이 있어. 궂은날에도 언제나 책을 읽으렴. 그리고 지금처럼 매일 일기에 마음을 남겨줘. 그 기록들이 훗날 소중한 선물이 될 거야. 먼 미래에서 선물을 기다리고 있을게!

8장

모니터 불빛 아래 가꾸는 인생

김위아

대학 졸업반 때 창업하여 26년간 학원 대표로 살았다. 학원 경영 21년 차였던 2020년부터 개인 저서와 공저를 매년 출간했다. 누가 책 쓰라고 등 떠밀지 않았지만 글 쓰며 성장하는 맛에 중독되어 여러 장르에 도전했다. 경영서, 에세이, 자기 계발서, 시집에 이어 소설도 넘본다. 2025년 가을, 여섯 번째 개인 책을 퇴고하며 내면도 맵시 있게 다듬는다.

저서: 『학원 경영, 당신을 사게 하라』, 『잘되는 학원 다 이유가 있다』, 『온리원 영어학원 만들기』, 『예술과 1센티 가까워지기』, 『엄마와 홍시』, 『나는 일상에 무너지지 않는다』(공저), 『글쓰기, 어쩌다 노하우』(공저), 『영어 없인 못 살아』(공저), 『당신과 나의 하루, 에세이로 피어나다』(공저)

깜지는 언제나 현재진행형

중간고사 2주 전이었다. 학생들은 외워 온 영어 본문을 백지에 써 내려갔다. 늘 100점 맞는 현지는 손이 한 번도 멈추지 않았다. 60점을 넘긴 적 없는 수민이는 한 줄 쓰고 한숨 쉬는 걸 반복했다. 반 정도 채우다 고개를 든 윤서는 나와 눈이 마주치자 움찔하며 다시 손을 바삐 움직였다. 웃음 나오는 걸 참으며 긴장도 풀어줄 겸 질문 하나를 던졌다.

"너희들~ 깜지… 알아?"
"원장님네 개 이름이에요?"

예상치 못한 답변이었다. 진지함이 감돌던 교실이 개그 콘서트장으로 바뀌었다. "강아지 이름으로 괜찮은데?" 빙긋이 되물었다. 중학교 졸업한 지 30년이 지났다. 새치 자라는 속도는 빨라졌지만, 마음속엔 여전히 교복 입은 단발머리 소녀가 자리한다. 중고등학교 때, '깜지'와 동고동락했다. 그날엔 오른팔에 꽃무늬 토시를 꼈다. 챙기지 못하면 흰색 교복 블라우스 소매는 연필과 볼펜 자국으로 물들었다. 종이가 새까맣게 보이도록 외울 문장을 쓰고 또 썼다. 처음 몇 줄은 '이 정도쯤이야.' 했다. 두 장 넘어가면 손가락에 감각이 없어지고 팔이 욱신거렸다.

빨리 끝내려고 '모나미 730' 검정 볼펜 두 자루를 한 번에 쥐고 썼다. 짝꿍은 세 자루 신공을 발휘했지만, 나는 손이 작아서 두 개가 최대였다. 교과서 본문을 베껴 써야 하는데 딴 길로 빠지곤 했다. 선생님 흉을 보았다가, 떡볶이, 순대, 자장면… 먹고 싶은 음식을 나열했다가, 착하게 살아야겠다는 생각이 들면 성경을 필사했다. 자주 써먹은 필살기는 노래 가사 적기였다. 90년대 중반에 데뷔한 H.O.T의 〈캔디〉 가사를 많이도 우려먹었다. 짝사랑하던 교회 오빠를 생각하며 종이에 구멍이 나도록 썼다.

'햇살에 일어나 보니 너무나 눈부셔. 모든 게 다 변할 거야. 널 향한 마음도~'

중고등학교 때는 시간이 영원한 줄 알았다. 그래서 깜지 시간을 의미 없이 흘려보냈고 백지 위에 '아무 말 대잔치'를 열었다. 성인이 되어 철이 든 건지, 인생의 쓴맛을 경험해서 인지 가치를 몰랐던 것에 애착이 생겼다. 2010년부터 암과 동행한 나는 이제 안다. 매일 반복되는 일상이, 지루해서 빨리 지나가기만을 바랐던 보통의 하루가 얼마나 큰 선물인지를. 2023년 10월에 엄마를 하늘로 떠나보냈다. 마지막 숨을 몰아쉬는 엄마를 보며 1초라도 붙잡고 싶었다. 아무리 간절히 바라도 삶과 죽음, 그 찰나의 경계를 되돌릴 수 없었다. 소중한 사람과 함께하는 '지금, 이 순간'이 얼마나 값진지를 경험으로 배웠다. 다시 10대 소녀로 돌아간다면, 공책에 노래 가사 대신 편지를 쓰리라.

'사랑하는 엄마에게'로 시작하는….

깜지는 첫 글의 소재로 가장 먼저 떠오른 키워드였다. 추억의 단어 하나가 거울처럼 내 모습을 비춰줬다. 중고등학교 이후로도 깜지를 계속해 오고 있었다는 걸 글을 쓰며 알았다. 편지로, 매뉴얼로, 논문으로, 학습 결과지로 그리고 나의 책으로. 다양한 모습으로 변신해서 눈치채지 못했을 뿐, 깜지는 내 인생에서 언제나 현재진행형이었다. 학창 시절과 다른 점이 있다면 스스로 백지를 채운다는 것, 아무렇게나 마구 써대지 않는다는 것이다.

중년의 나는 순전히 내 의지로 키보드를 두드린다. 매일 노트북을 펴고 한글 파일을 클릭한다. 아침엔 독서일지, 밤엔 감사일기로 마우스를 잡는다. 글은 내 삶이라서 어떤 것과도 맞바꿀 수 없을 만큼 가치 있다. 그런 인생을 대충 채울 수 있는가? 챗지피티로 돌리면 몇 분 안에 쓸 수 있는 세상이라지만 인공 지능에게 맡기는 건 내키지 않는다.

세상은 나에게 무엇이든 '빨리' 그리고 '잘'하라고 요구한다. 학원장으론 발 빠르게 움직이겠지만, 작가로는 내 속도대로 가도 괜찮다. 힘들면 쉬어가며 그렇게.

미련하다 해도

시대에 뒤떨어졌다 해도

글쓰기만큼은 내 손으로

한 땀 한 땀 수놓듯 메워 가려 한다.

존 맥스웰의 명언은 삶의 나침반

"날 찾지 마!"

　매년 12월 마지막 주, 학원 방학에 맞춰 성장 여행을 떠난다. 이때만큼은 방해 사절이다. 1년에 한 번, 나와 온전히 대화하는 일주일이다. 다른 때에는 서너 권을 캐리어에 담지만, 연말엔 리더십 전문가인 존 맥스웰이 쓴 『사람은 무엇으로 성장하는가』 한 권뿐이다. 매년 읽어서 밑줄 그은 문장이 안 그은 곳보다 많다. 독서의 가치는 삶에 적용했을 때 더욱 커진다. 존 맥스웰이 보여준 열다섯 가지 성장 법칙을 하나씩 내 것으로 만드는 여정을 즐긴다. 한 번에 모든 걸 흡수

할 수는 없어서 매년 세 가지에 집중한다. 2025년에는 '의도성, 고무줄, 내려놓기'였다.

그냥 되는 건 없잖아

차라리 의도적으로 성장을 위한 '계획'을 세우는 게 훨씬 낫다. 자신이 도달해야 하거나 도달하고 싶은 성장 지점을 정하고 무엇을 배울지 선택한 다음, 스스로 정한 속도와 원칙에 맞춰 끝까지 나아가는 것이다.
- 『사람은 무엇으로 성장하는가』 중에서

성장은 우연도 운도 아니다. 노력 없이 저절로 되는 건 더더욱 아니다. 습관이 잡히기 전에는 그 행동을 의도적으로 숱하게 반복해야 한다. 어쩌면 평생 해야 할지도 모른다. 습관 잡히는 데 21일이 걸린다는 말이 있다. 정말 그럴까? 나만 오래 걸렸을까? 무얼 해도 그 몇백 배의 시간이 필요했다. 평생 해야겠다는 마음으로, 매일 하기 싫어도 했다. 수년간 끈질기게 노력해야 겨우 습관 하나 내 것이 될까 말까 했다. 그래서 '의도'라는 딱딱한 단어가, 상황에 따라 부정적으로 들렸던 낱말이 좋은 느낌으로 다가왔다. '노력'의 동의어로.

긴장의 즐거움을 누려 봐

초등학교 때 고무줄 당기기 놀이를 했다. 친구가 언제 놓을지 몰라 실눈을 뜨고 팽팽한 고무줄과 친구 얼굴을 번갈아 봤다. 익살스러운 비장함이 감돌았다. 이 정도의 '긴장'을 좋아한다. 공부, 일, 인간관계에서 자극은 필수다. 읽기 전엔 '고무줄 법칙'이 성장과 무슨 관련이 있을까 의아했는데, 이제 보니 그럴듯한 비유다.

이 책에선 내일의 성공을 가로막는 가장 큰 적은 오늘의 성장이며, 노벨상을 받고 나서 세상에 큰 영향을 끼친 사람이 없다고 한다. 학원 경영 26년을 돌아보면 현실에 안주해서 긴장감을 놓쳤을 때 정체기가 왔다. 쉼표를 찍어야 했는데, 마침표를 찍었다. 한없이 늘어지는 고무줄이 되어보니 내 스타일이 아니었다. 그래서 현실과 이상 사이에서 쫀쫀한 긴장을 유지하려고 적정 수준의 목표를 세운다. 세게 당기면 언제 끊어질지 불안하고, 느슨하게 잡으면 흥미가 떨어진다. 목표 또한 고무줄 당기기처럼 '밀고 당기기'를 잘해야 성장으로 이어진다.

덜어내야 채워지지

나는 성공 욕구가 컸다. 어느 것도 포기하지 않으려고 안간힘을 썼다. 오른손에 송편, 왼손에 백설기를 쥐고도 바구니 속 무지개떡을 집으려 했다. 성장의 걸림돌은 '내려놓기'를 하지 않은 나 자신이었다. 양손에 움켜쥔 걸 내려놓아야 다른 떡을 쥘 수 있다. 존 맥스웰이 깨우쳐 준 교훈이다. 지금은 성공을 향한 집착에서 벗어났다. 더하기를 위해 빼기를 할 줄 아는 지혜가 생겼다.

"네 얼굴이 예전보다 편안해 보여."

지인들에게서 종종 듣는 말이다. 냅다 달리기만 하고 그저 채우려고만 할 때는 '현재를 사는 즐거움'을 몰랐다. 비움을 실천하니 행복의 빈도가 잦아졌다. 나도 모르게 표정에도 여유로움이 자리 잡았나 보다.

　멘토의 문장에 기대어 한 해를 돌아보며 얼마나 성장했는지를 피드백하고, 다음 해 목표를 점검한다. 400쪽에 담긴 성장 법칙 열다섯 개를 정독하는 내내 여러 감정이 오간다. 콧노래를 흥얼거리다, 얼굴을 붉히다, 때론 한숨을 짓는다. 어떤 감정이든 성장은 따라온다.

　우리는 모두 인생의 리더다. 내 삶의 주인공으로, 학원 대표로 '나는 괜찮은 리더로 살았는지'를 돌아본다. 일주일 뒤에 전쟁에서 승리한 개선장군처럼 의기양양하게 집으로 돌아온다. 1년 치 쌀가마니를 곳간에 채우면 든든하다. 1년을 살아갈 지혜를 마음 곳간에 쌓았으니 두려울 필요 없다.

> **존 맥스웰의 열다섯 가지 성장 법칙**
> 의도성　인지　거울　되돌아보기　끈기
> 환경　계획　고통　사다리　고무줄
> 내려놓음　호기심　본보기　확장　공헌

여러분의 책장엔 매년 꺼내 읽는 책이 있나요?
아니면, 고이 모셔만 두고 흐뭇하게 바라보세요?
읽는 것보다 사는 속도가 빠르진 않아요?

책 속에 길이 있다고 합니다.
한 권 꺼내 읽고 문장 한 개 써보면 어떨까요.
읽으면 보이고 쓰면 열린답니다.

내 마음 울린
찜닭 사장님의 댓글

말이 천 냥 빚을 갚는다지만, 글은 만 냥 빚도 갚는다.

문자 소통이 일상이 된 지 오래다. 가족이나 친구와도 급한 일 아니고서는 전화보다 카톡으로 소식을 주고받는다. 블로그와 인스타그램처럼 사업의 기반이 되는 플랫폼도 글로 소통한다. '배달의 민족'에 음식을 주문할 때도 요청 사항을 남기고, 먹고 난 후에는 후기를 남긴다. 그걸 보고 다시 댓글을 달아주는 사장과 직원도 있고 인사말 적힌 메모지가 음식에 따라오는 일도 종종 있다.

고객님의 리뷰는 큰 힘이 됩니다.
쿠키 하나 더 넣었어요.
오늘도 좋은 하루 보내세요.

이런 메모와 달라서 기억에 남는 쪽지가 있다. 온종일 한 끼도 못 먹어서 유난히 배고픈 날이었다. 찜닭에 당면, 만두 그리고 공깃밥까지 추가했다. '주문하신 음식 배달이 시작되었습니다.' 앱 알림을 보자 입꼬리가 올라갔다. 10분 안에는 도착할 줄 알았는데 초인종은 울리지 않았다. 현관문을 열어 얼굴을 빼꼼히 내민 채 좌우를 둘러봤다. 배달 기사도 포장 용기도 보이지 않았다. '출발 전인데 메시지 먼저 보냈나…. 여러 군데 들르나! 혹시 사고?' 몇몇 상황을 그리며 배달 앱만 쳐다봤다. 납작 당면이 좋아 찜닭을 먹는 건데, '불어 터졌겠지.' 20분 더 기다리다 가게로 전화했다.

"아까 출발했어요. 기사한테 전화해 보고 다시 연락할게요."

10분이 지나도록 사장님의 전화는 없었다. 20분이 더 흐른 후에야 음식이 도착했다. 자작했을 국물은 흔적도 없어서 양손으로 젓가락을 잡고 떡이 된 당면을 떼어냈다. 속 터진 만두를 보니 내 속도 터졌다. 공깃밥마저 없었다.

나도 학원을 경영하기에 사업의 어려움을 안다. 수저가 안 오고, 뻘건 국물이 새고, 다른 집에 배달돼도 '그럴 수도 있지.' 넘어간다. 별점도 항상 5점 만점이다. 이번만큼은 고객의 권리를 말하기로 했다. 가게에 연락하려고 휴대전화를 들었을 때, 비닐봉지 속에 있는 캔 음료가 보였다. 빨간 캔 콜라에 흰색 메모지가 붙어있었다.

"내일 영업 종료합니다. 그동안의 성원에 감사드립니다. 행복하세요."

두꺼운 파란색 네임펜으로 쓴 손 글씨였다. 뾰족했던 마음이 둥그러졌다. 먹지도 치우지도 못한 배달 용기를 바라보고 있으니 익숙한 알림이 도착했다.
배달은 어떠셨어요?
'좋아요' 하트를 꾹 눌렀다.
음식은 어떠셨어요?

별 다섯 개를 누르고 사진 세 장을 올렸다. 내 학원도 폐원 위기에 놓인 적이 있어서였을까. 문 닫는 곳이라 사장님이 안 볼 수도 있는데 작은 위로라도 전하고 싶었다. 300자 넘는 리뷰를 남기고 마지막에 덧붙였다.

"사장님, 최고예요! 오늘 찜닭 환상이었어요. 건강하고 행복하세요!"

다음 날, 그다음 날에도 찜닭 가게를 검색했는데 계속 휴무였다. 며칠이나 지났을까. 앱에서 알림이 왔다.

"띵똥 님, 감사해요. 고객님은 제가 본 손님 중에서 최고예요. 행복하세요."

폐업 후에도 댓글 남긴 사장님… 심장 언저리가 울렁거렸다. 동네 단골이 하나둘씩 사라진다. 마라탕, 뼈해장국, 팥빙수 이제 찜닭까지. 모두 착한 가격과 좋은 서비스를 갖춘 곳이었다. '사장님, 남는 거 있어요?'라고 살갑게 리뷰를 다는 고객도 있지만, 호의를 권리로 아는 사람 때문에 퍼줄수록 상처받은 건 아닐까. 나도 숱하게 겪질 않았나. 폐업에는 여러 가지 이유가 있겠지만, 누군가의 말과 글이 그 결정을 부추긴 건 아닌지 마음 쓰였다.

글은 공감과 위로, 소통의 매개체이다. 눈으로 보이고 기록으로 남아 말보다 생명력이 길다. 단어 몇 개, 문장 몇 줄로도 온기를 전할 수 있다. 괴테는 예술만큼 세상으로부터 도피할 수 있는 것도, 세상과 이어 주는 것도 없다고 말했다. 글 또한 작가가 창작해 낸 예술이다. 글 쓰는 이유는 누군가에게 행복을 주고 도움이 되고 싶어서다. 나는 변함없이 '별 다섯 개'와 '좋아요'를 누르련다. 크든 작든 나와 인연 맺은 사람들이 잘되기를 바라면서.

어쩌다 책쓰기 코치, 이제는 내 운명

부모님은 책과 신문을 끼고 살았다. 아빠가 해외 출장이 잦아서 두 분은 편지를 늘 주고받았다. 나도 자연스럽게 문자에 스며들었다. 영어를 전공하고 영어학원을 경영하고 작가가 된 것은 필연이었다. 그런데… 책쓰기 코치? 2023년 상반기까지 꿈도 꾸지 않았다. 되고 나서야 글쓰기 코칭이 학원 일상이었다는 걸 알았다. 영작은 물론이고 고등학생 자기소개서를 봐줬으며 학생들과 독서 모임을 수년간 함께했다. 학원 내에서만 했던 활동들이었는데 출간을 계기로 새로운 경험치를 쌓게 되었다.

두 번째 개인 저서 『잘되는 학원 다 이유가 있다』를 출간하고 학원장들과 독서 모임을 시작했다. 우리는 책과 학원을 사랑하는 공통점이 있었다. 출근 전과 퇴근 후에는 단톡방에 인증 사진이 하나둘 올라왔다. 사진 속 문장마다 독서 스타일이 드러났다. 연필과 빨간펜으로 밑줄 긋고 노랑 형광펜을 입히고 별표를 그리고 귀퉁이에 깨알 글씨로 메모도 곁들였다.

원장들은 교육비 미납으로 속 끓인 날, 지각하는 학생 혼내서 마음 무거운 날, 성적 떨어져 애타는 날, 예뻐하던 학생이 이사 가던 날, 손 하나 까딱하기 싫어 문장 한 줄 눈에 들어오지 않는 날에도 인증했다. 모임을 시작하고 몇 달이 지났다. 몇 명이 블로그에 댓글을 남겼다.

"책 쓰고 싶은데 엄두가 나지 않아요."
"같이 하는 사람이 있으면 그래도 용기 내 볼 텐데요."

처음엔 의아했다. 학원 경영에 관해 물어야지, 왜 나한테 책쓰기를? 그러다 작가라는 내 꿈은 그들의 꿈이기도 하다는 걸 알았다. 내 책이 이어준 고마운 인연이었다. 같은 길을 가는 사람들의 소망을 힘껏 응원하고 싶었다. 나는 경험했으니 아는 범위 내에선 도와줄 수 있었다. 먼저, 출간을 원하는 사람끼리 연결해 주기로 했다. 인원이 모이면 출간 기획자에게 공저 진행을 맡길 계획이었다. 이때만 해도 직접 가르치게 될 줄 몰랐다.

참여자 예비 조사에서 열한 명이 관심을 보였다. 계획을 구체화하니, 예상대로 인원수가 줄어들었다.

"지금은 바빠서요. 다음에 할게요."
"아직 준비가 안 됐어요."
"막상 쓰려니 용기가 안 나요."

다섯 명이 남았다. 인원이 부족했지만 출발하기로 했다. 출간비를 걷으려 하니 다시 두 명이 하차해서 결국 세 사람만 남았다. 공저는 출판 비용, 기획과 코칭비 그리고 원고 분량을 인원수대로 나눈다. 참여자가 적으면 여러모로 부담이 커진다. 다른 사람의 결정으로 기회를 잃을 세 사람이 마음에 걸렸다. 출판 비용은 줄일 수 없었고, 기획과 코칭은 내가 재능 기부하기로 했다. 나에게도 모험이었지만 그들에게도 마찬가지였다.

말 그대로 어.쩌.다. 공저 1기 호가 출항했다. 2023년 1월부터 12월까지 1년간 함께 항해했다. 세 사람에게 더 체계적인 수업을 주려고 6개월이 지났을 무렵에 책쓰기 코치 과정에 등록했다. 어쩌다 이 길에 들어섰지만, 정해진 길이었는지도 모르겠다. 나의 관심사는 늘 글과 관련된 것이었다. 고등학교 시절, 문예부에서 활동하며 학교 문집도 만들고 책 표지 디자인으로 상도 받았다. 대학 때는 신문사 편집부에서 기자들의 업무를 보조했다.

어려서부터 뿌려둔 글 씨앗이 나도 모르게 자라서 인생 후반전을 위한 커리어로 열매를 맺었다. 학원장들의 꿈을 이뤄주려고 시작한 코칭이었다. 그 이유가 전부였는데 내 안에 잠든 잠재력을 깨워낸 계기로 이어졌다. 남 돕다가 제2의 천직을 찾았다. 글이 보여준 고마운 길이다.

글자는 무생물이라서 혼자서는 아무것도 할 수 없다. 그러나 어떻게 활용하느냐에 따라 쓰임새가 무궁무진하다. 나는 책쓰기 코치가 되었으니, 스케일 크게(?) 읽고 쓰기를 아웃풋 하는 셈이다. 덕분에 글을 더욱 가치 있는 도구로 사용하게 되었다. 누군가의 꿈을 이뤄주고, 성장을 이끄는 견인차로. 글은 나에게 성장의 기회와 소중한 만남을 선물해 줬다. 내일은 어떤 장소로 데려다주고 누구를 만나게 해줄까. 독자에서 작가로, 작가에서 책쓰기 코치로 흥미진진한 세상을 탐험한다.

편지로 이어온
26년의 학원 이야기

 내 몸에는 아무래도 '텍스트힙' 유전자가 흐르나 보다. 텍스트힙은 텍스트(Text 글자)와 힙(Hip 멋)의 합성어로, 읽고 쓰는 모습이 매력 있다는 뜻이다. 엄마와 아빠가 편지를 주고받는 모습이 멋져 보였을까? 꼬맹이 때부터 지금까지 그대로 따라 한다. 나는 26년간 편지 쓰는 원장으로 살았다. 학원 창업 첫 달부터 학부모에게 편지를 썼다. 우리 아이가 학원에서 잘 지내는지 궁금해할 것 같아 자정에 퇴근해서 새벽 3시까지 노트북을 마주 보고 앉았다. A4 두 장 분량에 학생의 학원 생활을 묘사했다. 학생에 관한 거라면, 작은 거 하나라도 놓치지 않고 메모했다가 편지나 학습 결과지에 실었다.

연필 쥘 때 엄지와 검지에 힘이 들어가는 모습
"안녕하세요?" 한 글자씩 리듬 타듯 말하는 목소리
웃으면 반달이 되는 눈
J를 뒤집어서 쓰는 습관

마음 담은 글은 학부모와 학생에게 줄 수 있는 가장 가치 있는 것이었다. 아빠의 사업 부도로 가족과 중1 때부터 헤어져 살았다. 대학 내내 아르바이트한 돈과 원룸 월세 보증금을 모두 털어 교습소를 창업했다. 가난한 원장이 당장 내줄 수 있는 건 '정성' 뿐이었다. 아파서 결석한 날, 생리를 처음 한 날, 입학과 졸업한 날, 생일에 펜을 들었다. 영어 실력을 올려놓은 건 기본이었고 온기 가득한 편지로 학부모와 학생의 마음을 움직였다. 나는 확신한다. '글 경영'이 학원의 성장을 도왔다고 말이다.

"원장 쌤~ 저 군대 가요. 편지 써주세요."
여덟 살에 만나 스물한 살이 된 제자에게서 카톡이 왔다. 한 번 제자는 평생 제자다. 입대를 앞두거나 취업으로 방황할 때도 펜을 들었다.

"지수 편에 결혼기념일 카드를 받았어요~ 고맙습니다."

영작 공책을 보고 학부모의 결혼기념일이라는 걸 알았다. 케이크와 축하 카드를 보냈더니 감사 인사가 도착했다.

"이사 가서도 영어학원 학습 결과지 계속 봐요."

우리 학원만큼 정성스러운 피드백은 없었다며 학부모가 이사 후에도 안부를 전했다.

학원 대표로 스무 해 넘게 살았다. 늘 강해야 했다. 몸과 마음이 무너져 내려도 내색할 수 없었다. 그때마다 나를 지탱해 준 건 학부모, 학생, 강사에게 받은 편지였다. 고객의 소중한 글은 마음에 바르는 연고였다. 학부모의 컴플레인으로 밥맛을 잃은 날엔, "지윤이는 영어학원이 제일 좋대요. 영어만 다녀오면 싱글벙글해서 들어와요."라고 적힌 편지를 꺼냈다. 그러고 나서 밥 한 공기 비워냈다. 반항기 심한 학생이 의자를 걷어차고 학원을 나갔었다. 그날엔 "원장 선생님 덕분에 나쁜 길로 빠지지 않았어요. 영어도 잘 가르쳐 주시고 좋은 말씀도 많이 해주셔서 감사합니다."로 시작하는 졸업생의 편지를 읽고 마음을 다독였다.

'그래, 학원 하길 잘했어. 내 마음 알아주는 예쁜 아이들이 더 많잖아.'

베테랑 학원장인 나에게도 강사 경영은 고난도 문제였다. 머릿속에 갖가지 시뮬레이션을 돌려보느라 잠 못 이뤘다. '그냥 속 편하게 혼자 할까. 아니야 그래도 학원이 계속 성장하려면 함께하는 사람이 있어야지. 학생에게 더 좋은 환경을 주고 싶잖아.' 허공에다 학원을 많이도 무너뜨리고 다시 짓고를 반복했다. 강사를 채용하고 교육하는 일에 지친 원장들이 물었다. 어떻게 26년이란 세월을 지나왔냐고. 나는 담담하게 대답했다.

"좋은 선생님이랑 일하는 즐거움이 훨씬 더 컸어요. 많은 걸 극복하게 해줬어요."

고마운 그들도 때가 되면 학원을 떠났지만, 남겨준 편지는 곁에서 힘을 준다. 10년 전 퇴사한 강사의 편지를 펴보며 오늘도 에너지를 가득 채운다.

원장 선생님께~ ^^

우와, 영어학원에서 일한 지 2년 반 정도 된 거 같아요.

어떻게 보면 짧을 수도 있지만,

그래도 함께 한 시간이 적지 않게 느껴져요.

그동안 실수도 좀 하고,

부족한 부분이 많았는데

항상 믿어주시고 맡겨주셔서

감사했어요.

아이들도 착하고

실력도 좋고

그리고 한 번 다니면

학교처럼 오래 다니는

제가 일해 본 학원 중에

제일 특별한 학원이에요.

아이들이 더 잘할 수 있도록

항상 새로운 것을 시도하시는 노력

가르치시면서도 계속해서 공부하시는 열정
너무 대단하시고 많이 배워요.

체력이 예전 같지 않다고 하셨는데
건강 '꼭' 잘 챙기시면서 지내시고
앞으로 하고 싶으신 공부, 계획
모두 잘 이뤄 나가시길 기도할게요!
감사합니다.

P.S. 나는 편지 쓰는 원장이 아니라 '편지 받는' 원장이었다. 주는 인생이라 착각했다. 받은 게 더 많다는 걸 마지막 글을 마치며 알아챘다.

"고맙습니다. 학부모님, 선생님 그리고 나의 학생들~!"

나에게 띄우는 성장 편지

To. 꿈을 이룬 깜지 소녀

그거 아니? 공책이냐, 노트북이냐 도구만 바뀌었을 뿐 깜지는 30년간 곁에 있었어. 교과서 읽고 공책에 쓰던 습관은 알게 모르게 내 삶에 단단히 자리 잡았어. 중학교 때부터 말했었지. 학원 경영하고 책 쓰고 싶다고. 늦었지만 모두 이룬 거 축하해! 좋아하는 일을 하며 살아가는 나는 진짜로 행복한 사람이야.

열다섯 김위아~ 나는 많이 자랐어. 이제 시간의 유한함을 아는 중년이야. 가까운 가족과 친구가 하늘나라로 소풍을 갔어. 시간도 사람도 내 곁에 영원히 머물지 않는다는 걸 인정해야겠지? 지금 노트북 불빛 아래에서 깜지 숙제를 하는 건 우리 인생을 소중히 여기고 싶어서야. 글만이 지금, 이 순간을 잡아둘 수 있잖아. 깜지의 후예답게, 그렇게… 오늘도 백지를 채울게. 떠난 사람, 곁에 있는 사람 그리고 나를 위해서.